陈总编爱车热线书系

画解宾利
揭秘宾利汽车独门绝技
精装典藏版

陈新亚 编著

THE SECRETS OF BENTLEY

机械工业出版社
CHINA MACHINE PRESS

《画解宾利：揭秘宾利汽车独门绝技》是一本专为汽车爱好者和汽车行业从业人员编写的精美画册，也是"陈总编爱车热线书系"之一。本书主要介绍宾利汽车的传奇故事和经典车型，将宾利历史车型和最新技术"一网打尽"。

《画解宾利：揭秘宾利汽车独门绝技》语言通俗，配图丰富，并有许多相关常识介绍，非常适合广大汽车爱好者及汽车行业从业人员阅读使用。

图书在版编目（CIP）数据

画解宾利：揭秘宾利汽车独门绝技：精装典藏版 / 陈新亚编著.
—北京：机械工业出版社，2018.6
（陈总编爱车热线书系）
ISBN 978-7-111-59875-6

Ⅰ.①画… Ⅱ.①陈… Ⅲ.①轿车—图解 Ⅳ.①U469.11-64

中国版本图书馆CIP数据核字（2018）第090606号

机械工业出版社（北京市百万庄大街22号　邮政编码100037）
策划编辑：李　军　　　责任编辑：李　军
责任校对：王　欣　　　责任印制：常天培
北京联兴盛业印刷股份有限公司印刷
2018年6月第1版第1次印刷
184mm×260mm·8印张·2插页·198千字
0001—4000册
标准书号：ISBN 978-7-111-59875-6
定价：79.90元

凡购本书，如有缺页、倒页、脱页，由本社发行部调换

电话服务　　　　　　　　　　　网络服务
服务咨询热线：010-88361066　　机工官网：www.cmpbook.com
读者购书热线：010-68326294　　机工官博：weibo.com/cmp1952
　　　　　　　010-88379203　　金　书　网：www.golden-book.com
封面无防伪标均为盗版　　　　教育服务网：www.cmpedu.com

第二章 克里克伍德时期

每台宾利6½升售价1450英镑。为了能购买到完整的汽车,购车人还要再向车身厂支付2000英镑的车身制造费。

1927年宾利6½升敞篷汽车(Vanden Plas车身)

1927年宾利6½升敞篷汽车发动机

车名	宾利6½升
生产时间	1926—1930年
生产数量	364辆
发动机	6597毫升,直列6缸,每缸4气门
最大功率	160马力(约119千瓦)
变速器	4速手动(无同步器)
转向器	蜗轮蜗杆式转向
前制动	鼓式制动+真空助力
后制动	鼓式制动+真空助力
前悬架	叶片弹簧+减振器
后悬架	叶片弹簧+减振器
底盘结构	分离式梯形钢结构
车身结构	木架结构覆盖铝、钢或布
最高车速	136.7千米/时
底盘售价	1450英镑
典型车身售价	2000英镑

宾利 Speed Six（1928—1930）
Bentley Speed Six

6½升汽车推出后，宾利的客户对这款底盘并不太热衷，反而对它的运动款更感兴趣。运动款的销售量相对较为稳定。为此，1928年，在欧文·宾利的主持下，宾利推出一款动力更强大的改进型6.6升发动机。此发动机仍采用一体式缸体，配两个化油器，配高性能凸轮轴，并将压缩比由5.1∶1提高到5.3∶1。这样改进的结果是，其最大功率由160马力（约119千瓦）提高到180马力（约134千瓦），对应转速为3500转/分，并把采用新款发动机的底盘取名为Speed Six。

这款底盘共有三种轴距供客户选择，轴距分别为3505毫米、3569毫米和3874毫米。1930年，宾利公司董事会主席伍尔夫·巴纳特曾驾驶Speed Six与法国蓝色列车比速度并取得胜利。一时间，Speed Six名声大振。

为了参加汽车比赛，宾利还为此打造了一款Speed Six赛车版，将轴距缩短为3353毫米，将压缩比提高到6.1∶1，这样可以在3500转/分时输出200马力（约149千瓦）的最大功率。此车也是不负众望，在1929年和1930年连夺勒芒大赛冠军，成为宾利最成功的赛车底盘。也正是这款底盘，将宾利推向运动汽车的巅峰。宾利Speed Six底盘的销售也不错，共生产了182辆。

车名	宾利6½升Speed Six
生产时间	1928—1930年
生产数量	182辆
发动机	6597毫升，直列6缸，每缸4气门
最大功率	180马力（约134千瓦）
变速器	4速手动（无同步器）
转向器	蜗轮蜗杆式转向
前制动	鼓式制动+真空助力
后制动	鼓式制动+真空助力
前悬架	叶片弹簧+减振器
后悬架	叶片弹簧+减振器
底盘结构	分离式梯形钢结构
车身结构	木架结构覆盖铝、钢或布
最高车速	136.7千米/时
底盘售价	1450英镑
典型车身售价	2000英镑

1929年宾利Speed Six发动机

第二章 克里克伍德时期

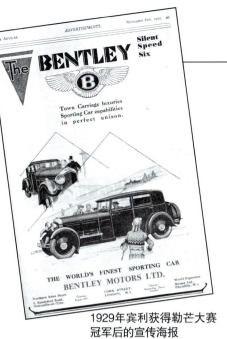

1929年宾利获得勒芒大赛冠军后的宣传海报

1929年宾利Speed Six（Vanden Plas车身）

1929年宾利Speed Six（Vanden Plas车身）

宾利 Speed Six 蓝色列车（1930）
Bentley Speed Six Blue Train

1930 年 3 月的一天，已成为宾利董事会主席的"宾利小子"之一的伍尔夫·巴纳特，正在法国戛纳的卡尔顿酒店吃晚饭。在饭桌上聊起了英国罗孚（Rover）汽车公司声称它们的一款汽车可以跑得比法国的蓝色列车（Blue Train）还快。巴纳特表示不服，认为这没什么值得炫耀的。当时巴纳特已代表宾利在 1928 年和 1929 年的勒芒大赛上连获冠军。那天饭店前正停放着他的宾利 Speed Six 汽车，这也是勒芒大赛冠军的同名车型。

巴纳特非常自信地与人打赌，当蓝色列车从法国戛纳到法国加莱期间，他驾驶宾利 Speed Six 汽车可以从现在吃饭的饭店出发，最终到达英国伦敦的一家俱乐部外的停车场。如果做不到，愿赌服输 100 英镑。

第二天，也就是 1930 年 3 月 13 日下午 5 点 45 分，当蓝色列车从戛纳火车站出发时，巴纳特驾驶他的 Speed Six 汽车与副驾驶人一起同时从卡尔顿酒店出发。此后，他们数次停下来加油，在法国中部还遇到了大雾，路过巴黎不远后还发生了爆胎，只好换上车上唯一的一条备胎。14 日上午 10 点 30 分，他们到达了法国的布伦港，然后与汽车一起乘船驶向英国，并在下午 3 点 30 分到达伦敦那家俱乐部外的停车场。4 分钟后，法国的蓝色列车到达加莱火车站。这次巴纳特在 22.5 小时内行驶了 1340 千米。

1930 年 5 月 21 日，巴纳特又为自己添置了一辆 Speed Six，并取名为蓝色列车（Blue Train Bentley），以纪念他战胜法国蓝色列车的壮举。而原来用来打赌比赛的那辆 Speed Six 汽车则"改头换面"，其车身被拆下后，改换了其他样式的车身。这种重新改变车身样式的做法，在那个时代也是常见的事。然而，后来很多人包括媒体，都误将巴纳特后来添置的那辆 Speed Six 汽车认作参加打赌比赛的那辆车。

第二章 克里克伍德时期

1929年宾利Speed Six蓝色列车（Gurney Nutting车身）

1929年宾利Speed Six蓝色列车（Gurney Nutting车身）

手机扫一扫，即可观看宾利蓝色列车视频

第二章 克里克伍德时期

1930年5月21日,巴纳特又为自己添置了一辆Speed Six,并取名为蓝色列车,以纪念他战胜法国蓝色列车的壮举。

1929年宾利Speed Six蓝色列车(Gurney Nutting车身)

宾利 4 ½ 升（1927 — 1931）
Bentley 4½ Liter

1927年宾利4½升敞篷汽车（Cadogan车身）

第二章 克里克伍德时期

1927年，宾利又推出了一款外形尺寸与宾利3升底盘一样的新款底盘，轮距、轴距和总宽度都完全一样，这明显就是3升底盘的替代者，但发动机却是全新设计的。从缸径和行程的尺寸上看，它更像是6.6升发动机减去了两个气缸，因为缸径和行程与6.6升直列6缸发动机完全一样，分别为100毫米和140毫米。

新款底盘比原来的3升底盘在动力上提高不少，最大功率从原来的80~85马力（约60~63千瓦）提高到105~110马力（约78~82千瓦）。因为售价与原来3升底盘一样，仍为1050英镑，所以其销售状况较好，在4年中共卖出去了665辆。

画解宾利 揭秘宾利汽车独门绝技 精装典藏版

1927年宾利4½升敞篷汽车（Cadogan车身）

车名	宾利4½升
生产时间	1927—1931年
生产数量	665辆
发动机	4398毫升，直列4缸，每缸4气门
最大功率	110马力（约82千瓦）
变速器	4速手动（无同步器）
转向器	蜗轮蜗杆式转向
前制动	鼓式制动+真空助力
后制动	鼓式制动+真空助力
前悬架	叶片弹簧+减振器
后悬架	叶片弹簧+减振器
底盘结构	分离式梯形钢结构
车身结构	木架结构覆盖铝、钢或帆布
最高车速	161千米/时
底盘售价	1050英镑
典型车身售价	1295英镑

1927年宾利4½升敞篷汽车（Cadogan车身）

第二章 克里克伍德时期

1927年宾利4½升敞篷汽车（Cadogan车身）

宾利 4½ 升鼓风机（1929 — 1931）
Bentley 4½ Liter Blower

宾利 4½ 升底盘成功推出后，宾利准备研制一款动力更强劲的赛车底盘。欧文·宾利想通过装备一台更大排量的发动机来开发赛车底盘，但宾利的明星赛车手亨利·伯金（Sir Henry Birkin，"宾利小子"之一）却不同意欧文·宾利的想法，他想通过为宾利 4½ 升发动机加装机械增压器，来提高发动机动力。欧文·宾利极力反对加装机械增压器，他认为这种"走捷径"的做法违背他的造车哲学，这样做对宾利品牌是一种侮辱。当时欧文·宾利只是宾利公司的总工程师，他从 1926 年起就不再是宾利公司老板，已失去了公司财务决定权。当时董事会主席为伍尔夫·巴纳特，他最后同意制造 50 台配备机械增压器的 4½ 升赛车底盘。

在加装机械增压器的同

1929年宾利4½升鼓风机机械增压赛车

1929年宾利4½升鼓风机机械增压赛车

1929年宾利4½升鼓风机机械增压赛车

1929年宾利4½升鼓风机机械增压赛车

> **Do You Know?**
>
> ## "宾利小子" Bentley Boys
>
> "宾利小子"（Bentley Boys）是对20世纪20年代驾驶宾利汽车参赛的英国富人车手们的爱称。他们曾驾驶宾利汽车在勒芒等大赛上多次获得冠军。"宾利小子"大约有17人，其中伍尔夫·巴纳特还在1926年买下了陷入经营困难的宾利汽车公司，并成为宾利汽车公司董事会主席。

时，宾利也对发动机缸体、凸轮轴和连杆、活塞及机油泵进行了改进。机械增压器就安装在发动机曲轴的末端、散热器前面的前保险杠上，从车外就可清楚地看见增压器。这样安装虽然对冷却有利，但也增加了车前部的重量，容易造成车辆转向不足。

所谓鼓风机，就是指装在车头部位的机械增压器。

这款被称为鼓风机的赛车底盘，最早亮相于1929年的英国奥林匹亚汽车展。其发动机最大功率高达175马力（约130千瓦），与宾利6.6升发动机的最大功率180马力（约134千瓦）接近。而没装增压器的4½升发动机的最大功率仅为105~110马力（约78~82千瓦）。鼓风机底盘的售价只比无增压器底盘贵100英镑，即1150英镑。据称，鼓风机的最高车速接近160千米/时。

车名	宾利4½升鼓风机
生产时间	1929—1931年
生产数量	55辆（含5辆赛车）
发动机	4398毫升，直列4缸，每缸4气门
最大功率	180马力（约134千瓦）
变速器	4速手动（无同步器）
转向器	蜗轮蜗杆式转向
前制动	鼓式制动+真空助力
后制动	鼓式制动+真空助力
前悬架	叶片弹簧+减振器
后悬架	叶片弹簧+减振器
底盘结构	分离式梯形钢结构
车身结构	木架结构覆盖铝、钢或布
最高车速	160千米/时
底盘售价	1150英镑
典型车身售价	1500英镑

1929年宾利4½升鼓风机机械增压敞篷轿车

第二章 克里克伍德时期

手机扫一扫，即可观看宾利鼓风机视频

机械增压器

1929年宾利4½升鼓风机机械增压敞篷轿车

Do You Know？

宾利早期生产的底盘名称

1921—1929年　3升
1927—1931年　4½升和鼓风机
1926—1930年　6½升
1928—1930年　6½升 Speed Six
1930—1931年　8升
1931年　4升

宾利 8 升（1930 — 1931）
Bentley 8 Liter

宾利 8 升是宾利公司被劳斯莱斯公司兼并前推出的最后一款底盘。这款 8 升底盘可装配直列 6 缸发动机，并采用了很多先进技术，如一体式缸体、不可拆式气缸盖、镁铝合金曲轴箱，以及单顶置式凸轮轴、每缸 4 气门、双火花塞、铝合金活塞等。发动机的总排量为 7983 毫升，压缩比为 5.1∶1，最大功率为 200 马力（约 149 千瓦）。该底盘配备没有同步器的 4 速手动变速器，采用梯形车架结构，带真空制动助力器和鼓式制动器。宾利还为 8 升底盘设计了两种轴距的型号以供客户选择。宾利官方称，8 升底盘的最大车速可以达到 201 千米/时。

该底盘最早于 1930 年 10 月亮相，当时售价 1850 英镑，相当于现在的 30 万英镑。这是当时英国最昂贵的汽车之一，与劳斯莱斯幻影 II 的售价相当。

宾利 8 升的性能非常不错，做工也非常考究，这也是欧文·宾利直到后来设计拉贡达（Lagonda）V12 底盘之前的最大成就。然而宾利 8 升生不逢时，正赶上从

1932年宾利8升短轴距底盘（Mayfair车身）

第二章　克里克伍德时期

1932年宾利8升短轴距底盘（Mayfair车身）

手机扫一扫，即可观看宾利8升敞篷视频

1932年宾利8升短轴距底盘（Mayfair车身）

1932年宾利8升短轴距底盘（Mayfair车身）

美国席卷而来的经济危机，人们购买昂贵汽车的欲望减小，导致8升底盘的销售很不好，总计只卖出去了100台，其中有33台还是被劳斯莱斯收购后在1932年卖出去的。

据称，当初宾利想依靠这款8升底盘来改善宾利公司的经营状况，使公司摆脱困境。然而由于它的开发成本过高，销售很不理想，又赶上经济危机，最终导致宾利公司陷入更严重的财务危机，不得不进入破产清算状况。

1932年宾利8升发动机

1932年宾利8升敞篷汽车（Vanden Plas车身）

第二章　克里克伍德时期

1932年宾利8升敞篷汽车（Vanden Plas车身）

该底盘最早于1930年10月亮相，当时售价1850英镑，相当于现在的30万英镑，这是当时英国最昂贵的汽车之一。

车名	宾利8升
生产时间	1930—1931年
生产数量	100辆
发动机	7983毫升，直列6缸，每缸4气门
最大功率	200马力（约149千瓦）
变速器	4速手动（无同步器）
转向器	蜗轮蜗杆式转向
前制动	鼓式制动+真空助力
后制动	鼓式制动+真空助力
前悬架	叶片弹簧+减振器
后悬架	叶片弹簧+减振器
底盘结构	分离式梯形钢结构
车身结构	木架结构覆盖铝、钢或布
最高车速	201千米/时
底盘售价	1850英镑
典型车身售价	2500英镑

宾利4升（1931）
Bentley 4 Liter

1931年宾利4升敞篷汽车（Mulliner车身）

面对开发成本较高但销售却不理想的宾利8升底盘，宾利公司决策层仍不死心，他们认为是售价太高才导致了8升底盘失败，于是就重新研制了一台4升发动机装在短轴版的8升底盘上，并将售价调低到只有8升底盘的三分之二，仅为1225英镑。该车于1931年5月推出。宾利公司想以此与劳斯莱斯的20/25型底盘相对抗。显然，宾利公司对宾利4升底盘抱有极大的期望，将其视为最后的救命稻草。

然而，宾利4升底盘推出后不到6个月，即在1931年11月，宾利就被劳斯莱斯兼并。随后宾利8升底盘和4升底盘都被停止生产，因为它们分别是劳斯莱斯幻影II和20/25底盘的主要竞争对手。宾利4升底盘只卖出去50台。

1931年宾利4升敞篷汽车（Mulliner车身）

第二章　克里克伍德时期

1931年宾利4升敞篷汽车（Mulliner车身）

Do You Know？

宾利在法国勒芒大赛中的成绩

1923年　第4名 (3升车，私人身份参加)
1924年　第1名 (3升车)
1925年　没有完赛
1926年　没有完赛
1927年　第1名、第15名和第17名 (3升车)
1928年　第1名、第5名 (4½升车)
1929年　第1名 (Speed Six)、第2名、第3名和第4名 (4½升)
1930年　第1名、第2名 (Speed Six)
2003年　第1名、第2名 (EXP Speed 8)

自1930年赢得冠军后，宾利就从勒芒大赛退出，并声称已从汽车比赛中学到足够多的与速度和可靠性有关的技能。但在2003年，宾利又重返勒芒赛场，并获得冠军和亚军。

车名	宾利4升
生产时间	1931年
生产数量	50辆
发动机	3915毫升，直列6缸，每缸2气门
最大功率	120马力（约89千瓦）
变速器	4速手动（无同步器）
转向器	蜗轮蜗杆式转向
前制动	鼓式制动＋真空助力
后制动	鼓式制动＋真空助力
前悬架	叶片弹簧＋减振器
后悬架	叶片弹簧＋减振器
底盘结构	分离式梯形钢结构
车身结构	木架结构覆盖铝、钢或布
最高车速	136.8千米/时
底盘售价	1225英镑
典型车身售价	1800英镑

| 画解宾利 | 揭秘宾利汽车独门绝技 精装典藏版 |

宾利赛车"老第一"拍卖惹官司
Old Number One

"老第一"(Old Number One)指的是一辆宾利6½升Speed Six赛车,它是当时欧洲赛场上最快的汽车之一,是宾利的英雄车。在1929年和1930年的勒芒大赛上,由宾利公司董事会主席兼车手伍尔夫·巴纳特与他人合作驾驶,连续夺得两届冠军。而且巴纳特还驾驶它赢得另外几场汽车比赛冠军,一时间这辆汽车横扫英法赛车场,因此被车迷送了一个"老第一"的称号。勒芒大赛结束后,巴纳特为他的"老第一"装上了8升发动机,并将其改造成一辆敞篷赛车。但这辆车在1932

1930年宾利Speed Six 第2号赛车(俗称"老第二")

年的一场比赛中发生碰撞事故，驾驶它的车手也因此丧命。此后巴纳特将此车进行修理和重造，使其变成一辆硬顶双门跑车。在这以后，该车的车身还被多次重新改造，到1956年时它又变成了一辆双座车身的汽车。

1988年，"老第一"的主人哈伯德（Hubbard）公司将其拍卖，具有日本背景的中桥公司以不可思议的1千万英镑出价拍得此车。然而后来中桥公司却拒绝完成交易，声称哈伯德公司存在虚假宣传，这辆车上的原装件极少，根本不是被称为"老第一"的那辆赛车。

在此后的法庭听证中，哈伯德公司承认发动机不是原装的，底盘的主要骨架也不是原装的，甚至车身的大部分都不是原装的，但原车70%的部件都还在。同时专家也证明，这辆曾在1929年和1930年获得勒芒大赛冠军的英雄车，确实在1929年至1930年间的冬季进行过较大的改造。最后，法庭判决中桥公司败诉，必须执行完成拍卖合约。过后没几年，中桥公司就宣告破产了。

1930年宾利"老第一"赛车

在1929年和1930年的勒芒大赛上，宾利"老第一"赛车由宾利公司董事会主席兼车手伍尔夫·巴纳特与他人合作驾驶，连续夺得两届冠军。

怎样驾驶一辆早期的宾利
How to Drive a Vintage Bentley

虽然20世纪二三十年代出品的宾利汽车在当时相当先进和豪华，但以现代的眼光来看，它还是显得高大而笨重，且技术落后。驾驶这样一辆经典宾利汽车，与驾驶现在的汽车有很大的不同，要有更多的东西需要去操控，注意事项也更多。

起动

在起动发动机之前，要先调节汽油和空气混合气的浓度，使其浓度大一些以便于燃烧。还要调节点火时间，使其稍微提前一点。行驶几千米后，还要将这些调整恢复到正常状态，即正常浓度和正常点火时间。

换档

那时的汽车都配备手动变速器，而且基本没有同步器，因此在起步挂档时要有耐心，因为档位确实不好挂入。在换档时更需要技巧，一定要采用"双脚离合"的办法，即踩下离合器踏

第二章 克里克伍德时期

板——摘下档位——抬起离合器踏板——再踩下离合器踏板——挂入新档位——抬起离合器踏板。

要注意的是，一定要在某个车速范围内切换某个档位，否则汽车会表现得很不配合，运行不顺畅，甚至无法切换档位。

那时右舵宾利汽车的变速杆设置在车身外右侧，敞篷汽车也是这样。但也有隐藏在驾驶座椅与车身板之间的，操作起来会比较局促。当然，在这种设置下，驾驶人下车时变速杆比较碍事。

转向

转向也是个问题，早期的宾利汽车都采用蜗轮蜗杆式转向系统，谈不上转向直接或准确，因此在进入弯道前一定要减速，否则就可能冲出弯道了。转弯时，一定要找好自己的转弯角度后再转弯。

转动方向盘也不是一件轻松的事。方向盘在低速时比较沉，但车速提高后又会变得比较灵敏，因此在高速行驶时一定要双手紧握方向盘。

制动

制动时的问题更大。早期的宾利汽车采用鼓式制动器，在刚踩下制动踏板时制动很灵敏，制动力很强，但再往下踩就会感觉制动力并不会立即随之增强，后段制动乏力。另外，早期的宾利汽车都非常重，惯性也大，要想让它快速停下来确实要费点儿力气，因此，发现情况时最好早踩制动踏板，将车速提前降下来。

舒适

从轮胎、悬架到座椅设计，早期的宾利汽车基本没多考虑舒适性这个问题，甚至座椅都没有衬垫，悬架也都是非独立式的，即使行驶在今天现代化的道路上也谈不上舒服，更何况那时恶劣的道路条件。换档时整车会有很明显的顿挫感，尤其是对于像宾利6.6升和8升这样的大排量汽车，其换档时的惯性更大，顿挫也更明显。

1923年宾利3升敞篷汽车（Chalmer & Hoyer车身）

怎样购买一辆宾利老爷车
Hints for buying a Vintage Bentley

1. 在购买经典老爷车之前,一定要尽可能地了解它之前的历史,包括转卖过程、技术参数、维护使用中的注意事项等。一个真正爱车的卖主,他一定会尽可能多地向你提供所卖车辆的背景,甚至一些收藏故事等。

2. 在购买之前,一定要确定那辆车是否符合你的喜好特点,比如宾利8升和宾利6½升又大又重,宾利3

1939年宾利4¼升敞篷汽车(James Pearce车身)

1939年宾利4¼升敞篷汽车(James Pearce车身)

升则比较轻巧，而宾利4½升的运动性非常强，尤其是装备机械增压器的宾利4½升汽车。

3. 在第二次世界大战之前生产的汽车，尤其是像宾利这样的豪华汽车，其车身都是定制的，可以说每一辆都是与众不同的。因此要弄清楚它的车身是由哪家车身厂打造的，是不是利用旧底盘后来又重新打造的车身。为一辆汽车重新打造车身在那个年代是正常的。

4. 要确信你所选择的宾利经典汽车一直受到比较好的维护保养。虽然宾利汽车在20世纪二三十年代是质量非常好的汽车，但毕竟时间太长，不知道还经历过什么坎坷，其寿命和价值完全取决于过往的维护保养。更重要的是，如果损坏，则找人维修时其费用会非常昂贵。

5. 如果买到一辆维护保养不好的经典老爷车，则它的配件将会让你特别伤脑筋。一是它们的配件不好找，可能要等很长时间。二是即使找到了配件，其价格也非常昂贵。因为这些配件的需求量极少，只有高价卖出才能让卖家不亏钱。

6. 购买之前要有心理准备，不要以为宾利汽车曾以运动性能打天下，还在勒芒大赛上四连冠，就希望这些宾利老爷车也拥有较好的操控性。与现在的汽车相比，它们在当前道路上行驶起来会比较困难，加速、转向和制动都很费力。即便买来也要尽量少上路，主要用作收藏和展示。

20世纪二三十年代的宾利汽车的车身都是木结构，由木头做成车身骨架，然后在木架上覆盖铝板、钢板或帆布。木头最怕潮湿，时间长了就会变形、开裂甚至朽坏，这样非常容易导致车门关不严实或根本关不上，因此在购车时要重点检查车门的开关情况。

Chapter 3　Derby Days
第三章　德比时期
（1933—1946）

　　当欧文·宾利还在宾利公司当家做主时，他非常重视利用赛场上的成绩来促进销售。但他毕竟只是个技术型人才，对公司经营并不擅长，虽然他率领宾利汽车在勒芒大赛上频频夺冠，但公司却逐渐陷入账务危机。1926年，英国钻石矿主的下一代，也是宾利车手的伍尔夫·巴纳特，向亏损严重的宾利公司注入资金并成为其最大股东。巴纳特从此成为宾利公司的董事会主席，而欧文·宾利改任宾利公司的总工程师。

　　宾利公司又跌跌撞撞地前行了5年后终于倒下，并被竞争对手劳斯莱斯收购。宾利汽车的生产也被迫搬迁到劳斯莱斯工厂的所在地德比。

1934年宾利3½升汽车

第三章 德比时期

宾利被劳斯莱斯吞并（1931）
Merge into Rolls-Royce

宾利汽车"飞B"标志

1931年，受经济大萧条的影响，人们购买力下降，以生产豪华高性能跑车著称的宾利再也无法维持，于1931年11月被竞争对手劳斯莱斯以12.5万英镑的价格收购。从此宾利成为劳斯莱斯旗下的一个子品牌，一直到1998年被转卖给德国大众集团。

宾利汽车公司从1921年开始正式生产销售汽车，到1931年被收购，宾利作为独立运营的汽车品牌只存活了10年。

宾利被收购后，位于伦敦附近克里克伍德的宾利工厂也被迫拆迁，并入位于德比的劳斯莱斯工厂。此后宾利汽车停产两年，宾利的名字暂时从市场上消失了，直到1933年才在劳斯莱斯的德比工厂恢复生产。但是，拥有赛车血统的宾利汽车，从此逐渐成为带有运动风格的劳斯莱斯汽车。有时候，宾利和劳斯莱斯实际上只是同车不同名，从里到外都让人难以区分。

在1933—2004年的71年里，宾利汽车一直采用劳斯莱斯汽车的底盘、发动机，甚至外观造型，因此宾利汽车长期被人嘲笑为劳斯莱斯的"贴牌车"。

新宾利定位安静的跑车
The Silent Sports Car

宾利自1931年11月被劳斯莱斯收购后,宾利汽车也同时退市了,好像劳斯莱斯收购宾利就是为了消灭一个劲敌似的。其实真相并不是如此,劳斯莱斯一直在犹豫为宾利确立一个怎样的定位,才能最有利于宾利品牌的发展。是将宾利定位为纯种跑车(就像它原来的定位那样),还是定位为优雅但无运动气质的轿车(就像劳斯莱斯汽车那样),或者两者兼顾?经过深思熟虑,劳斯莱斯最后为宾利汽车打出的定位口号是"安静的跑车"(The Silent Sports Car)。因为劳斯莱斯发动机以运转安静著称,而宾利汽车也将采用劳斯莱斯发动机。

宾利的这个定位广告语一直用到20世纪50年代,而同期劳斯莱斯为自己所打出的广告语是"世界最好的汽车"(The Best Car in The World)。

之所以将宾利定位于安静的跑车,主要原因之一是,当时劳斯莱斯正开发一个应对经济大萧条的项目,内部名为"游隼"——一款比劳斯莱斯20/25HP还稍小点的底盘,轴距也要短一些,且发动机排量从3.7升减小到2.4升。但后来发现2.4升发动机的动力性太差,如果配

上机械增压器，发动机运行又不太稳定。最后采用改进后的20/25HP的发动机，把它塞到"游隼"底盘中，然后以宾利的名义在1933年10月推出。

这就是说，在德比制造的宾利与在克里克伍德制造的宾利没有丝毫血缘关系。欧文·宾利时期的汽车基因从此失传，一直到今天都是如此。因此当新宾利在德比恢复生产时，欧文·宾利（当时他只是劳斯莱斯公司下的宾利汽车试车员）将新宾利戏称为"劳斯宾利"（Rolls-Bentley）。

但不论如何，携带劳斯莱斯高贵血统的宾利汽车开始复苏，质量提高，性能提升，定位合理，加上大萧条过后经济开始复苏，最终使宾利汽车销量大增。宾利汽车在欧文·宾利时期每年只能卖出200辆左右，而在德比复产后每年竟能卖出500辆左右。

1939年宾利4¼升敞篷跑车（Vanden Plas车身）

1939年宾利4¼升敞篷跑车（Vanden Plas车身）

画解宾利　揭秘宾利汽车独门绝技　精装典藏版

宾利 3½ 升（1933 — 1936）
Bentley 3½ Liter

宾利车迷等了近两年后，宾利汽车终于在1933年10月重现江湖。由劳斯莱斯汽车公司制造的第一款宾利汽车给人以全新的形象，它不仅具有劳斯莱斯的高品质、高美誉度，而且还采用了劳斯莱斯当时的许多新技术。

首先，它采用劳斯莱斯20/25HP上的3669毫升直列6缸发动机（尽管它的名字是3½升），并且将压缩比提高到6.5∶1，将凸轮轴进行了运动化改进，使其最大功率输出有所提升。但也是从此之后的50年内，劳斯莱斯再也不公布宾利汽车的最大功率数据了。有人猜测这辆名为宾利3½升的汽车的最大功率至少能达到120马力（约89千瓦）。

其次，它的变速器开始配备同步器，虽然只在3档和4档上有同步器，但这已让换档感觉轻松很多。

第三，它首次采用独立式前悬架，尽管后悬架仍为非独立式，但这让新宾利的舒适性和操控性得到很大提高。

与原来的宾利4升底盘相比，新宾利3½升底盘更轻，动力更强，跑得也更快，而且售价只有1100英镑，比原来还便宜300~400英镑。

新宾利3½升尽管销售不错，共卖出去1177辆，但它还算不上真正的跑车。因为其发动机排量较小，动力不够强大，它只能算是带有运动风格的小劳斯莱斯汽车。

车名	宾利3½升
生产时间	1933—1936年
生产数量	1177辆
发动机	3669毫升，直列6缸，每缸2气门
最大功率	没公布
变速器	4速手动（3、4档有同步器）
转向器	蜗轮蜗杆式转向
前制动	鼓式制动＋机械助力
后制动	鼓式制动＋机械助力
前悬架	叶片弹簧＋液压减振器
后悬架	叶片弹簧＋液压减振器
底盘结构	分离式梯形钢结构
车身结构	木架结构覆盖铝、钢或帆布
最高车速	127千米/时
底盘售价	1100英镑
典型车身售价	1460英镑

第三章 德比时期

1934年宾利3½升（Lancefield/Corsica车身）

1934年宾利3½升（Lancefield/Corsica车身）

1934年宾利3½升（Lancefield/Corsica车身）

宾利 4¼ 升（1936 — 1939）
Bentley 4¼ Liter

既然将宾利定位为安静的跑车，它就不能只安静而不能跑，于是在宾利 3½ 升上市两年半后，1936 年 3 月，劳斯莱斯就为它更换了更强劲的发动机，即宾利 4¼ 升。其实这也是劳斯莱斯 25/30HP 上采用的 4257 毫升直列 6 缸发动机，是在原来 3669 毫升发动机的基础上将缸径扩大后的发动机（行程没变）。其压缩比被提高到 6.8∶1，仍然是每缸 2 气门，其最大功率依然没有公开。但据当时英国杂志《AutoCar》对一辆由帕克沃德（Park Ward）打造车身的宾利 4¼ 升四门轿车进行的测试，其最大车速为 148 千米/时，0—96 千米/时的加速时间为 15.5 秒。这个成绩在当时已属非常优异。

购买一辆宾利 4¼ 升底盘要花 1150 英镑，要定制一个帕克沃德打造的车身则需要再加 1510 英镑——依然是车身比底盘还贵。

1938年宾利4¼升（Park Ward车身）

车名	宾利 4¼ 升
生产时间	1936—1939 年
生产数量	1234 辆
发动机	4257 毫升，直列 6 缸，每缸 2 气门
最大功率	没公布
变速器	4 速手动（3、4 档有同步器）
转向器	蜗轮蜗杆式转向
前制动	鼓式制动 + 机械助力
后制动	鼓式制动 + 机械助力
前悬架	叶片弹簧 + 液压减振器
后悬架	叶片弹簧 + 液压减振器
底盘结构	分离式梯形钢结构
车身结构	木架结构覆盖铝、钢或布
最高车速	148 千米/时
底盘售价	1150 英镑
典型车身售价	1510 英镑

1938年宾利4¼升（Park Ward车身）

第三章 德比时期

1938年宾利4¼升（Park Ward车身）

1938年宾利4¼升（Park Ward车身）

宾利 Mark V（1939 — 1940）
Bentley Mark V

尽管1939年9月1日爆发了第二次世界大战，但劳斯莱斯还是在1939年10月发布了宾利4¼升底盘的接任者Mark V，只是因战乱的缘故而始终没能公开出售。它仍采用4¼升底盘的4257毫升发动机，只是将压缩比从6.8∶1调整为6.4∶1，最大功率仍然保密。它的4速手动变速器在2档、3档和4档上都装备了同步器，使换档更为轻松。

宾利Mark V在底盘结构及车身结构方面都有重大改进。底盘不再采用梯形钢结构布局，而是采用交叉形钢结构。它的悬架结构完全是重新设计的：前悬架为独立式，配有螺旋弹簧、叉臂式连杆和液压减振器。后悬架仍为非独立式的叶片弹簧结构，但采用了可以调节阻尼的液压减振器，其控制调节钮就设在方向盘中央。转向器改为凸轮滚轮式，使得转向更加轻盈。前后制动系

1939年宾利Mark V（Park Ward车身）

第三章 德比时期

统仍为鼓式并带有助力系统。

更重要的改变是车身结构。宾利 Mark V 的车身主要由帕克沃德（Park Ward）车身厂打造，它不再以木架结构为主，而是采用冲压钢板焊接。Mark V 可以采用统一标准造型的车身。

宾利 Mark V 底盘到 1940 年彻底停产时，共有 19 台驶下生产线，并有 11 台完成最后的车身装配。由于没有公开出售，这些宾利 Mark V 主要分配给劳斯莱斯公司的工作人员及其供应商使用。

交叉形钢结构车架

1939年宾利Mark V 底盘

1939年宾利Mark V（Park Ward车身）

车名	宾利 Mark V
生产时间	1939—1940 年
生产数量	19 台（11 台完成整车）
发动机	4257 毫升，直列 6 缸，每缸 2 气门
最大功率	没公布
变速器	4 速手动（2 档、3 档、4 档有同步器）
转向器	凸轮滚轮式转向
前制动	鼓式制动 + 机械助力
后制动	鼓式制动 + 机械助力
前悬架	独立式，螺旋弹簧 + 叉臂 + 减振器
后悬架	叶片弹簧 + 阻尼可调式液压减振器
底盘结构	分离式交叉形钢结构
车身结构	木架结构覆盖铝、钢或布
最高车速	161 千米 / 时
底盘售价	没公开销售
典型车身售价	没公开销售

Chapter 4 Crewe Days
第四章 克鲁时期
（1946—1980）

　　宾利汽车公司自1919年创立以来，共在三个地方生产汽车：最早是在伦敦附近的克里克伍德（Cricklewood）生产，直到1931年宾利被劳斯莱斯收购后停产；1933年宾利汽车在劳斯莱斯工厂所在地德比（Derby）恢复生产，一直到1939年随着第二次世界大战的爆发而再次停产。第二次世界大战结束后，宾利汽车在1946年与劳斯莱斯一起搬到克鲁郡（Crewe）生产，一直到今天。

　　宾利汽车经历了两次停产和两次搬迁。第一次是被人收购而不得已并入新公司的生产线；第二次则完全是因为战争。

　　在第二次世界大战期间，劳斯莱斯接到了大量生产劳斯莱斯梅林（Merlin）V12航空发动机的订单。这种航空发动机主要配备在英国喷火（Spitfire）战斗机和兰卡斯特（Lancaster）轰炸机上，因此根本无暇顾及汽车生产。劳斯莱斯全力制造梅林航空发动机，即便如此生产

克鲁工厂宾利汽车装配线

1946年宾利Mark VI四门轿车

能力仍显不足。在英国政府的支持下,劳斯莱斯决定再建个"影子"工厂,以防工厂被炸毁后还能继续制造航空发动机。这里不仅是为了备份厂房和生产设备,更重要的是备份技术人员。

"影子"工厂的最终选择地在英国克鲁郡一块60公顷的土豆地里。劳斯莱斯在那里建立了新厂,并在5个月后就开始生产劳斯莱斯的梅林航空发动机。在第二次世界大战期间,这个影子工厂共生产了2.5万台梅林发动机,雇员最多时曾达上万人。

第二次世界大战结束后,汽车生产方式已有重大变革,劳斯莱斯和宾利不能再只生产汽车底盘了,也要自己生产车身,并且要制造冲压钢制车身,这样就需要更大的场地来建设冲压车间、焊接车间、喷涂车间和总装配线。

当时劳斯莱斯在德比和克鲁各有一个工厂,其中后建的克鲁工厂比德比工厂大得多,更有能力容纳劳斯莱斯与宾利的汽车生产。因此劳斯莱斯决定将所有航空发动机生产都集中在德比,而将所有汽车制造都搬迁到克鲁。因此,宾利汽车于1946年跟着劳斯莱斯迁往克鲁。克鲁工厂制造的第一辆冲压钢制车身的汽车并不是劳斯莱斯,而是宾利 Mark VI。当时宾利 Mark VI 的钢制车身是由英国冲压钢有限公司提供的,这个公司位于牛津附近的考利。

1946年宾利Mark VI四门轿车

1946年宾利Mark VI四门轿车(冲压钢制车身)

冲压钢制车身（1946）
Pressed Steel Body

直到第二次世界大战结束时，像劳斯莱斯和宾利这样的高端轿车制造商仍然不能向买主提供完整的汽车。他们只制造带动力系统的底盘，底盘上还包括仪表板、操纵机构等，实际上就剩下车身和座椅还没安装。

每个这样的动力底盘都会根据买主的要求送到专业车身制造厂，进行车身定制和最后组装。因此，当时要购买一辆宾利汽车，必须先到宾利经销商那里购买一台动力底盘，然后再和一家车身厂签订车身订购合同。这些车身厂可以是宾利推荐的，也可以是买家自己找的。车身厂打造车身要花费较长的时间，短的要几周，长的要数月，有可能订购在冬天，而提车在来年春天。为了方便买主尽快提到完整的汽车，一些规模较大的汽车制造商开始拥有自己的专业车身厂，比如劳斯莱斯后来就收购了两家专业车身厂作为自己的专属车身厂。

第二次世界大战结束后，汽车生产方式发生了重大变革，标准统一造型的冲压钢制车身开始出现。冲压

1952年宾利R型欧陆（Mulliner车身）

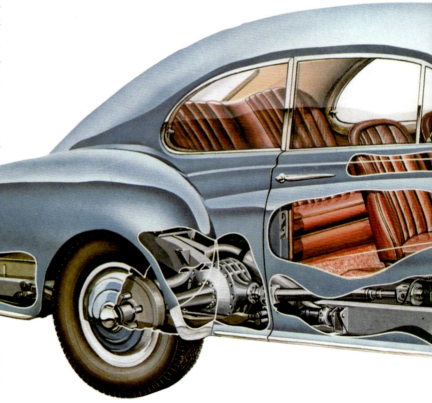

1952年宾利R型欧陆（Mulliner车身）

钢制车身汽车虽然外观造型都一样,缺乏个性,但买主能够在宾利销售店买到可以直接使用的汽车,而不需要再另外订购车身。

为了满足战后经济发展的需要,英国政府要求企业向海外出口创汇。而劳斯莱斯原来的生产方式效率太低,显然无法满足国外市场的要求,因此劳斯莱斯尝试采用全钢冲压车身。劳斯莱斯非常谨慎,选择宾利 Mark VI 作为冲压全钢车身的试验品,看客户是否能接受这种千车一面而没有个性的汽车。

劳斯莱斯并没有任何车身制造经验和技能,它们只好委托他人打造钢制车身。最后劳斯莱斯选中英国冲压钢有限公司作为钢制车身供应商,为宾利汽车提供冲压钢制的白车身。车身被运到克鲁工厂后先进行喷漆,最后进行整车组装。

1946 年,劳斯莱斯推出冲压钢制车身的宾利 Mark VI。客户对这种造型统一的钢制车身汽车比较满意,一时销量大增。看到这种情况后,劳斯莱斯才放心,并于 1949 年推出第一辆冲压钢制车身的劳斯莱斯汽车银色曜影(Silver Dawn)。

虽然冲压车身开始得到应用,但仍可以向专业车身厂提供动力底盘,按照传统的定制方式打造宾利汽车。因为此时的底盘仍是独立式的,此时的车身仍是非承载式车身,底盘与车身相对独立。直到 1965 年,宾利 S3 被单体式车身结构的 T 系列替换,宾利汽车才不再批量提供动力底盘给专业车身厂。

> **Do You Know?**
>
> ## 宾利冲压钢制车身车型
>
> 1946—1952年 Mark VI
> 1952—1955年 R型
> 1952—1955年 R型欧陆
> 1955—1959年 S1和欧陆版
> 1959—1962年 S2和欧陆版
> 1962—1965年 S3和欧陆版
> 1965—1977年 T1
> 1977—1980年 T2
> 1971—1984年 Corniche
> 1975—1986年 Camargue

宾利 Mark VI（1946 — 1952）
Bentley Mark VI

1946年5月，宾利推出Mark VI轿车。这是在劳斯莱斯的克鲁工厂制造的第一款冲压钢制车身汽车，也是第一辆在劳斯莱斯工厂完成整车装配的汽车。

宾利Mark VI采用四门轿车式造型，它的冲压钢制车身由英国冲压钢有限公司提供。它沿用了宾利Mark V的底盘结构，包括悬架结构也都与宾利Mark V一样——前悬架为独立式，螺旋弹簧配液压减振器。后悬架为非独立式，叶片弹簧配阻尼可调式液压减振器。

宾利Mark VI的发动机排量为4257毫升，直列6缸，采用顶置进气门和侧置排气门设计。它的最大功率仍然没有公开。1951年，宾利Mark VI的发动机通过扩大缸径将排量提高到4566毫升（俗称"大缸径"款）。

宾利Mark VI所配的4速手动变速器也与宾利Mark V一样，在1档和倒档上没有装备同步器。

其实宾利Mark VI也可看作是劳斯莱斯银色魅影（Silver Wraith）的短轴版。它们的发动机、底盘结构都一样，只是车身造型不一样。1949年，劳斯莱斯品牌推出了第一款冲压钢制车身汽车银色曜影（Silver Dawn），

1946年宾利Mark VI四门轿车（冲压钢制车身）

第四章 克鲁时期

克鲁工厂宾利汽车装配线

第一辆在劳斯莱斯工厂完成整车装配的汽车。

1946年宾利Mark VI四门轿车（冲压钢制车身）

其造型与宾利 Mark VI 基本一样。

宾利 Mark VI 一经推出就受到欢迎，在市场上取得了巨大成功，彻底打消了劳斯莱斯公司对冲压钢制车身的疑虑。到 1952 年停产时，宾利 Mark VI 共生产了 5201 辆，其中冲压钢制车身 4202 辆，非冲压钢制车身即个性定制车身 999 辆。

车名	宾利 Mark VI
生产时间	1946—1952 年
生产数量	5201 辆
发动机	4257 毫升（4566 毫升），直列 6 缸，每缸 2 气门，顶置进气门，侧置排气门
最大功率	没公布
变速器	4 速手动（2档、3档、4档有同步器）
转向器	凸轮滚轮式转向
前制动	鼓式制动 + 机械助力
后制动	鼓式制动 + 机械助力
前悬架	独立式、螺旋弹簧 + 叉臂 + 减振器
后悬架	叶片弹簧 + 阻尼可调式液压减振器
底盘结构	分离式交叉形钢结构
车身结构	冲压钢制四门轿车车身，选装木架结构覆盖铝、钢或帆布车身
最高车速	161 千米/时
整车售价	2997 英镑（含税）
	4474 英镑（4.6 升发动机）

宾利 R 型（1952 — 1955）
Bentley R Type

1952年，宾利R型问世，取代了宾利Mark VI。那么，为什么它的名字不叫Mark VII呢？这是因为英国捷豹在1951年推出了一款轿车叫Mark VII，宾利只能另取新车名。据称R型的名称取自其底盘编号RT系列。

R型的前部造型与宾利Mark VI没有区别，但后部进行了重新设计，并且加长了车身，增大了行李箱空间。后悬加长后使车身前后更加均衡协调，使汽车外观更为漂亮。

宾利R型仍采用Mark VI"大缸径"款的4566毫升直列6缸发动机，并进行了小幅改进。它的最高车速为163千米/时，百千米油耗为18.2升。

与Mark VI相比，宾利R型的底盘结构、制动系统、转向系统、悬架系统和4速手动变速器都没有大的变化，但它可以选装来自美国通用汽车的4速自动变速器。这也是宾利R型的最大亮点。

自动变速器是由美国通用汽车最先于1941年开始采用的，最早装备在一辆凯迪拉克汽车上，但从1946年起才开始大批量装备。到20世纪50年代初，自动变速器在美国已经普及，但在欧洲还是新技术。劳斯莱斯不太可能研制自己的自动变速器，只好采购当时世界上最好的自动变速器装在自己的车上。

其实宾利R型仍是一辆劳斯莱斯的"贴牌车"，它与同时期的劳斯莱斯银色曙影（Silver Dawn）只是进气格栅的造型及化油器有所不同而已。

第四章　克鲁时期

1952年宾利R型（冲压钢制车身）

车名	宾利R型
生产时间	1952—1955年
生产数量	2320辆
发动机	4566毫升，直列6缸，每缸2气门，顶置进气门，侧置排气门
最大功率	没公布
变速器	4速手动（2档、3档、4档有同步器），选装4速自动变速器
转向器	凸轮滚轮式转向
前制动	鼓式制动＋机械助力
后制动	鼓式制动＋机械助力
前悬架	独立式，螺旋弹簧＋叉臂＋减振器
后悬架	叶片弹簧＋阻尼可调式液压减振器
底盘结构	分离式交叉形钢结构
车身结构	冲压钢制四门轿车车身，选装木架结构覆盖铝、钢或帆布车身
最高车速	163千米/时
整车售价	4824英镑（含税）

1952年宾利R型（冲压钢制车身）

画解宾利　揭秘宾利汽车独门绝技　精装典藏版

宾利 R 型欧陆（1952 — 1955）
Bentley R Type Continental

R 型欧陆（Continental）是宾利 R 型的高性能版。虽然它仍采用宾利 R 型标准版的底盘结构以及它的 4566 毫升直列 6 缸发动机，但对发动机的化油器和进排气系统进行了优化，将压缩比由 6.75∶1 提高到 7.25∶1，并调整了传动减速比，从而使其运动性能得到明显提升。

宾利 R 型欧陆总计生产了 208 辆，其中有 193 辆是由马利纳（H.J.Mulliner）车身厂打造车身。它的造型设计是由伊万·埃文登（Ivan Evernden）领导的劳斯莱斯设计团队与马利纳车身厂共同合作完成的。之所以没有交由劳斯莱斯下属的帕克沃德（Park Ward）车身厂打造车身，是因为马利纳拥有一套金属合金车身轻量化建造体系，可以取代传统的木架车身建造体系，它们将发动机舱盖和行李箱盖采用铝板制作，并将前排座椅设计成两个独立的座椅，从而减轻车身重量。

最后定型的车身曾在劳斯莱斯航空发动机实验室的风洞中进行了空气动力学测试，这使得宾利 R 型欧陆的造型更能抵制侧风的影响，高速行驶时尾部更加稳定，使它的最高车速可以达到 190 千米/时，从而成为当时世界上批量生产的汽车中跑得最快的四座轿车。

从外观造型上来讲，在同时期劳斯莱斯汽车中找不到与宾利 R 型欧陆近似的车型，因此它不算是"贴牌车"。它拥有较强动力和动感车身造型，是一辆真正的宾利汽车。

然而由马利纳打造车身的宾利 R 型欧陆，售价高达 7608 英镑，比宾利 R 型的 4824 英镑高出 2784 英镑。高出的价钱在当时可以购买一辆阿斯顿·马丁 DB2 跑车，

车名	宾利 R 型欧陆
生产时间	1952—1955 年
生产数量	208 辆
发动机	4566 毫升，直列 6 缸，每缸 2 气门，顶置进气门，侧置排气门
最大功率	没公布
变速器	4 速手动（2 档、3 档、4 档有同步器），选装 4 速自动变速器
转向器	蜗杆滚轮式转向
前制动	鼓式制动 + 机械助力
后制动	鼓式制动 + 机械助力
前悬架	独立式、螺旋弹簧 + 叉臂 + 减振器
后悬架	叶片弹簧 + 阻尼可调式液压减振器
底盘结构	分离式交叉钢架结构
车身结构	轻质金属合金骨架结构，覆盖钢和铝板，两门硬顶
最高车速	185 千米/时
整车售价	7608 英镑（含税）

如果买一辆捷豹 Mk VII 跑车则还可以节省 920 英镑。正是由于宾利 R 型欧陆的高性能、高价格，使得宾利 R 型欧陆在当时被视为英国汽车工业的偶像。

1954 年 5 月，宾利 R 型欧陆在即将结束其 3 年的生命期时，突然迎来了一次动力更新，发动机排量由原来的 4566 毫升增大到 4887 毫升。这也是劳斯莱斯及宾利车型中首次采用这款发动机。在 208 辆宾利 R 型欧陆中有 82 辆配备了这款动力更强劲的发动机，其中有 36 辆还配备了自动变速器。

1953年宾利R型欧陆（Mulliner车身）

画解宾利　揭秘宾利汽车独门绝技　精装典藏版

宾利 S1（1955 — 1959）
Bentley S1

宾利 S1 在 1959 年 4 月推出。它是宾利 R 型的替代车型，也是与劳斯莱斯银云 I 型共享底盘与车身的车型。

它与宾利 R 型相比主要有 6 大变化：一是轴距长了 3 英寸（7.62 厘米）；二是在不降低头部空间的前提下使车身更低；三是后减振器采用电子控制，从而使悬架更加柔软、舒适；四是转向更轻盈并改进了制动系统。五是发动机增大到 4887 毫升，也就是后来在宾利 R 型欧陆上采用的那款发动机；六是将 4 速自动变速器作为标准配置。

该车最高车速为 170.5 千米/时，0 — 96.5 千米/时的加速时间为 13 秒。一辆标准车身的宾利 S1 在 1955 年的售价为 4669 英镑。

车名	宾利 S1
生产时间	1955—1959 年
生产数量	3107 辆
发动机	4887 毫升，直列 6 缸，每缸 2 气门，顶置进气门，侧置排气门
最大功率	没公布
变速器	4 速自动变速器
转向器	凸轮滚轮式转向
前制动	鼓式制动 + 机械助力
后制动	鼓式制动 + 机械助力
前悬架	独立式、螺旋弹簧 + 叉臂 + 减振器
后悬架	叶片弹簧 + 阻尼可调式液压减振器
底盘结构	分离式交叉形钢结构
车身结构	冲压钢制四门轿车车身，可选装定制个性车身
最高车速	170.5 千米/时
0—96.5 千米/时加速时间	13 秒
整车售价	4669 英镑（标准车身）

1955 年宾利 S1 型

第四章　克鲁时期

1955年宾利S1型

手机扫一扫，即可观看1957年款宾利S1车型视频

1955年宾利S1型

宾利 S2（1959 — 1962）
Bentley S2

宾利 S2 在 1959 年推出。它与劳斯莱斯银云 II 型共享底盘与车身，二者的区别仅在于前进气格栅与标志不同而已。

宾利 S2 与宾利 S1 的车身完全一样，底盘结构和悬架系统等都一样。4 速自动变速器仍为标准配备，并将转向助力系统列入标准配置单。

宾利 S2 的最大亮点是开始配备全新设计的 6230 毫升 V8 发动机，替代原来 4887 毫升的直列 6 缸发动机。据称劳斯莱斯/宾利设计制造的这款 V8 发动机，主要是参考美国凯迪拉克和克莱斯勒的 V8 发动机设计的。而在此之前，除了 V12 发动机外，劳斯莱斯从没生产过其他 V 形发动机。

官方仍然没有公布宾利 S2 这台 V8 发动机的最大功率。动力增强后，车辆的最高车速也由原来 S1 的 170.5 千米/时提高到 182 千米/时。0 — 96.5 千米/时的加速时间也从 13 秒减少到 11.5 秒。相比 1955 年的宾利 S1，1959 年的宾利 S2 的售价涨了近千英镑，高达 5661 英镑。

车名	宾利 S2
生产时间	1959—1962 年
生产数量	1922 辆
发动机	6230 毫升，V8，每缸 2 气门
最大功率	没公布
变速器	4 速自动变速器
转向器	凸轮滚轮式转向，可选装助力
前制动	鼓式制动 + 机械助力
后制动	鼓式制动 + 机械助力
前悬架	独立式，螺旋弹簧 + 叉臂 + 减振器
后悬架	叶片弹簧 + 阻尼可调式液压减振器
底盘结构	分离式交叉形钢结构
车身结构	冲压钢制四门轿车车身，可选装定制个性车身
最高车速	182 千米/时
0—96.5 千米/时加速时间	11.5 秒
整车售价	5661 英镑（标准车身）

1959年宾利S2型

1959年宾利S2型

宾利 S3（1962 — 1965）
Bentley S3

手机扫一扫，即可观看宾利S3车型视频

1962年，宾利 S2 被 S3 替代，但这次只是小改款，不论是外观、内饰，还是动力系统，变化都较小。外观上的最大变化就是前照灯变成两侧双灯式，每侧两个大小相同的前照灯整合在一起。车鼻子的高度也降低了 1.5 英寸（3.8 厘米）。同时，6230 毫升 V8 发动机也进行了改进，压缩比提高到惊人的 9∶1，并更换了化油器，从而使其动力提升了 15%，据估计最高功率达到了 200 马力（约 149 千瓦）。车身重量也减轻了 100 千克，从而使其最高车速提高到 185 千米/时，0 — 96.5 千米/时的加速时间减小到 10.8 秒。

第四章 克鲁时期

车名	宾利 S3
生产时间	1962—1965 年
生产数量	1318 辆
发动机	6230 毫升，V8，每缸 2 气门
最大功率	没公布
变速器	4 速自动变速器
转向器	凸轮滚轮式转向，可选装助力
前制动	鼓式制动 + 机械助力
后制动	鼓式制动 + 机械助力
前悬架	独立式，螺旋弹簧 + 叉臂 + 减振器
后悬架	叶片弹簧 + 阻尼可调式液压减振器
底盘结构	分离式交叉形钢结构
车身结构	冲压钢制四门轿车车身，可选装定制个性车身
最高车速	185 千米 / 时
0—96.5 千米 / 时加速时间	10.8 秒
整车售价	5384 英镑（标准车身）

1962年宾利S3型

宾利 S 系列欧陆版（1955 — 1965）
Bentley S Series Continental

1959年宾利S2 欧陆 飞驰（Mulliner 车身）

宾利的 S 系列车型都有对应的欧陆版（Continental）推出。欧陆是宾利的性能款车型，它与宾利大批量生产的标准款相比，主要有以下特点：

1）动力系统性能更优异，比如通过提高发动机压缩比、更换化油器等方式提高动力输出。

2）底盘结构更轻。如 S2 欧陆款比 S2 标准版要轻约 193 千克。

3）外形更时尚、更动感和更具个性，它们的车身都是客户根据自己的喜好订购、由专业车身厂打造。

4）都不是在宾利工厂内完成整车装配，而只是在宾利订购底盘，然后在专业车身厂订购车身。从 S 系列之后，宾利就不再生产这种非承载式车身的汽车，底盘与车身一体化了，专业车身厂彻底消失。欧陆车名也从 1966 年开始销声匿迹，直到 1991 年才重现于世。

5）售价更高。一辆 S2 欧陆款的含税价格高达 8119 英镑，而购买一辆 S2 标准版只需 5661 英镑（含税）。

1955年宾利S1欧陆敞篷车（Park Ward车身）

1962年宾利S3欧陆敞篷车（Mulliner Park Ward车身）

1963年宾利S3欧陆（Mulliner Park Ward车身）

宾利 T1（1965 — 1977）
Bentley T1

1965年宾利推出了T系列车型。T系列是S系列的继任者，该车是劳斯莱斯银影（Silver Shadow）的翻版，同样配备6.2升和6.75升V8发动机。T系列与银影只有两大不同：一是进气格栅造型不同，从而使得发动机舱盖也稍有不同，以便与进气格栅相吻合；二是两者车标车名不同。

与前辈车型S系列相比，T系列进行了一系列技术革新及生产方式革新，主要包括：

1）发动机进行了改款，虽然排气量保持不变，但几乎每个部件都是新设计的。

2）用承载式车身替代原来的非承载式车身，使底盘与车身一体化，几乎终结了专业车身厂的营生，因为再没有独立的底盘供它们为客户打造个性车身。

3）从1968年起用带液力变矩器的3速自动变速器替代老款的液压式4速自动变速器。

4）在保持前轮独立悬架的基础上，后轮也开动采用独立悬架，并配备自身水平保持系统。

5）将原来的前后鼓式制动系统，改为前后高压多回路液压盘式制动系统。

6）转向机构改为循环球式，并带有转向助力系统。

宾利T1售价较高，1965年时售价为6496英镑（含税），而且只比同样配置和款式的劳斯莱斯银影便宜61英镑，从而导致宾利T1销售不畅。在12年内，T1只卖出去1712辆，还不及同期劳斯莱斯银影销量的1/10。

1965年宾利T1

第四章 克鲁时期

1965年宾利T1

车名	宾利T1
生产时间	1965—1977年
生产数量	1712辆
发动机	V8,6230毫升（1970年改6750毫升）
最大功率	没公布
变速器	4速自动变速器（1968年改3速自动变速器）
转向器	循环球式转向+助力
前制动	高压多回路液压盘式制动+助力
后制动	高压多回路液压盘式制动+助力
前悬架	独立式，螺旋弹簧+叉臂+减振器，自身水平控制（1969年后取消）
后悬架	螺旋弹簧，半拖曳臂，液压减振器
车身	冲压钢制承载式车身
最高车速	185千米/时
0—96.5千米/时加速时间	10.9秒
整车售价	6496英镑（标准车身）

承载式车身（1965）
Monocoque Structures

在1965年以前，宾利汽车都是采用非承载式车身。非承载式车身的汽车有钢制车架，又称底盘大梁。这种钢制车架一般都是矩形、梯形或交叉形，布置在车身的最底部。车架承载着车身和汽车上的主要部件，包括发动机、变速器、传动系统、悬架系统和车身及内饰。这种汽车的车体只是为了给驾驶人和乘客提供一个舒适安全的环境以及出于美观考虑，车身不起承载作用，承载作用完全由车架承担，因此这样的车身被称为非承载式车身。

早期的汽车都采用非承载式车身，它的底盘与车身是分离的，因此可由专业车身厂根据客户需求单独打造个性车身。现在的载货车、大客车等都是非承载式车身。

宾利汽车从1965年起开始采用承载式车身。承载式车身没有明显的车架，它由结构件与覆盖件组成。结构件组成可以承载发动机、变速器、传动系统、悬架系统和内饰件的承载结构，外面覆盖上薄钢板、复合材料等。底盘与车身组成一个整体，这个整体（即车体）不仅起到安全、舒适和美观的作用，同时也起到承载作用，因此被称为承载式车身。承载式车身的最大优点是重量轻、重心低、车内空间大。现在的轿车基本都采用承载式车身。

20世纪30年代末期，欧洲开始出现承载式车身。通用汽车的欧洲子公司沃克斯豪尔和欧宝最先应用，后来雷诺、沃尔沃和菲亚特纷纷跟进。第二次世界大战结束后不久，承载式车身已在欧洲普及。然而劳斯莱斯/宾利直到1965年才开始采用承载式车身，它们主要纠结于制造成本问题。因为采用承载式车身就要使用更多的冲压模具，而对于劳斯莱斯/宾利这样的超级豪华汽车品牌来讲，其销量极小，摊到每辆车上的模具成本就会非常高，从而导致其本来就很高的制造成本更高，进而影响其销量。

但承载式车身对超级豪华轿车也非常有利，它可以使车身地板的高度降低。这样不仅可以降低车辆的重心，使车辆行驶起来更加平稳，而且使车身内部的上下空间更大，从而提高乘坐舒适性。基于可以明显提高乘坐舒适性的特点，宾利终于从1965年开始在T系列上采用承载式车身。而在此时，奔驰和凯迪拉克等豪华品牌仍在利用非承载式车身打造它们的旗舰车型。

Do You Know？
非承载式车身与承载式车身

采用非承载式车身的汽车有一个刚性车架，又称底盘大梁，发动机、传动系统、车身等总成部件都固定在车架上。车架通过前后悬架系统与车轮连接。说白了，非承载式车身就是有大梁的车身结构，发动机、传动系统、悬架，甚至车身等都固定在车架上。如果你弯下腰看看车底，就会发现有贯穿前后的两个纵梁。

采用承载式车身的汽车

承载式车身对超级豪华轿车也非常有利，它可以使车身地板的高度降低。这样不仅可以降低车辆的重心，使车辆行驶起来更加平稳，而且使车身内部的上下空间更大，从而提高乘坐舒适性。

宾利第一款承载式车身汽车——1965年宾利T1

没有刚性车架，它的发动机、前后悬架、传动系统的一部分等总成部件都装配在车身上，车身负载通过悬架装置传给车轮。现在普通轿车几乎都采用承载式车身，如果你打开发动机舱盖，就会发现前悬架连在前翼子板内侧的车身上。

承载式车身结构

承载式车身没有"大梁"，它依靠车体本身来承载发动机、变速器和传动机构等

非承载式车身有"大梁"，由它来承载车身、发动机和传动机构等

非承载式车身结构

宾利T2（1977—1980）
Bentley T2

1978年宾利T2

1977年，宾利T1升级为T2。升级后的T2是劳斯莱斯银影II的翻版，除了进气格栅及标志外，两车从里到外基本一样。

与宾利T1相比，宾利T2主要改进了转向系统，配备至今也是主流的齿轮齿条式转向。但这时宾利T2的售价高得离谱，在1977年购买一辆宾利T2需要付出22809英镑（含税）。这个价格与劳斯莱斯银影基本一样，也因此导致T2销售惨淡，只卖出568辆。

总之，宾利在S系列

1978年宾利T2

第四章 克鲁时期

和T系列时期，可能是最不受劳斯莱斯公司重视的时期，不仅每款宾利都是劳斯莱斯车型的翻版车或贴牌车，价格上也没有优势，而且连名字都起得很敷衍，只用一个字母S或T了事。甚至在1971—1986年生产的Corniche和Camargue车型，连名字都与劳斯莱斯车型一样。

这个时期的宾利汽车既无特点和个性，也没有运动气质，彻底跌入低俗。

1979年宾利T2 Shooting Brakes（旅行轿车）

1978年宾利T2

劳斯莱斯研制的6.75升V8发动机，曾被宾利汽车使用了20多年。

车名	宾利T2
生产时间	1977—1980年
生产数量	568辆
发动机	V8，6750毫升
最大功率	没公布
变速器	3速自动变速器
转向器	齿轮齿条式转向+助力
前制动	高压多回路液压盘式制动+助力
后制动	高压多回路液压盘式制动+助力
前悬架	独立式，螺旋弹簧+叉臂+减振器
后悬架	螺旋弹簧，半拖曳臂，液压减振器
车身	冲压钢制承载式车身
最高车速	185千米/时
整车售价	22809英镑（标准车身）

Chapter 5 Vickers Times
第五章　维克斯时代
（1980—1998）

　　进入20世纪70年代，劳斯莱斯/宾利为了研制一款全新车型而投入大笔资金，甚至有点孤注一掷的架势。1979年，劳斯莱斯/宾利全年的营业额为9610万英镑，但竟然拿出2800万英镑投入到新车型开发中，结果导致公司濒临破产。1980年6月，劳斯莱斯/宾利被英国的维克斯集团（Vickers）收购。

　　维克斯是英国一家历史悠久的公司，最早成立于1828年。它的制造业务涉及枪炮、坦克、船舶、潜艇、铁路机械和航空等。然而在20世纪70年代，英国政府将造船和航空业国有化，维克斯旗下的一些企业被国家买走，导致维克斯手里有大量资金但缺乏产品。为了使产品多样化，维克斯在1980年收购劳斯莱斯汽车公司，并承诺劳斯莱斯公司可以自主经营。

　　1998年，维克斯将劳斯莱斯品牌和前脸造型专利卖给宝马集团，并将劳斯莱斯公司的工厂及宾利品牌卖给德国大众集团。1999年，维克斯集团宣告破产。

1980年宾利慕尚

宾利慕尚（1980 — 1992）
Bentley Mulsanne

1980 年，也就是劳斯莱斯/宾利被维克斯集团收购的那一年，宾利推出慕尚（Mulsanne）车型，以替代已卖了 15 年的宾利 T 系列。与以往一样，慕尚仍是劳斯莱斯银色精灵（Silver Spirit）的贴牌车或克隆车。两车的主要区别还是前脸造型。

慕尚（Mulsanne）是法国勒芒赛道长直道的名字。宾利汽车曾在勒芒赛场取得

1980年宾利慕尚

过多次胜利，而长直道则代表超高速度。

慕尚仍搭载 6.75 升劳斯莱斯 V8 发动机，并且进行了一系列的技术改进，最大功率为 198.5 马力（约 148 千瓦）。出口到北美市场的车型配备博世燃油喷射系统，而其他市场的慕尚则仍采用双化油器。通用汽车提供的 3 速自动变速器仍是标准配置，这是当时性能最好的自动变速器了。慕尚在机械上的最大变化是后轮改为半拖曳臂式独立悬架，并重新设定了减振器的位置，使慕尚具有较好的操控性。

然而，宾利慕尚与劳斯莱斯银色精灵的售价完全一样，两车在造型和配置上也都基本一样，从而导致慕尚的销售非常差。为了改变这种局面，1984 年宾利 8 型推出，它实际上就是将慕尚精简版。其价格下降了 6000 英镑，这才使宾利汽车的销售略有好转。

车名	宾利慕尚
生产时间	1980—1992 年
生产数量	3231 辆
发动机	V8，6750 毫升
最大功率	198.5 马力（约 148 千瓦）
变速器	3 速自动变速器
转向器	齿轮齿条式转向 + 助力
前制动	高压多回路液压盘式制动 + 助力
后制动	高压多回路液压盘式制动 + 助力
前悬架	独立式，螺旋弹簧，双叉臂，稳定杆，液压减振器
后悬架	螺旋弹簧，半拖曳臂，稳定杆，液压减振器，自身水平控制
车身	冲压钢制承载式车身，4 门
最高车速	191.5 千米/时
0—96.5 千米/时加速时间	10.0 秒
整车售价	49629 英镑

宾利慕尚 Turbo（1982—1985）
Bentley Mulsanne Turbo

长期以来，宾利因"贴牌"劳斯莱斯汽车而一直被人诟病。除了前进气格栅和标志外，宾利汽车几乎与劳斯莱斯汽车一模一样。更可笑的是，这样的贴牌车往往还与劳斯莱斯汽车在售价上基本一样，从而导致宾利汽车销量越来越差。但要想让宾利拥有与劳斯莱斯不一样的外形，实在是太难了。它们本来销量就不高，但车身模具和制造成本非常高，要让每年只卖几百辆的宾利汽车单独使用一套车身模具，根本不现实。

既要宾利区别于劳斯莱斯，又不能使它们的外形有什么不同，那只好在汽车内部做文章了。于是，设计者们想到了为宾利汽车的6.75升V8发动机增加一套涡轮增压器，提高其动力输出，为宾利汽车增添运动特色，从而让它在动力性能上区别于劳斯莱斯汽车。

1982年，宾利慕尚Turbo推出，这也是宾利历史上第二款采用增压器的车型（第一款是1929年推出的宾利4½升鼓风机，采用机械增压器）。6.75升V8发动机的排量没变，只是增加了涡轮增压器，但其最大功率就猛增了50%，达到298马力（约222千瓦）。在仍配备3速自动变速器的前提下，0—96.5千米/时的加速时间只有7秒，0—161千米/时的加速时间只需7.9秒，最高车速提高到217千米/时。

本来宾利还想像以往那样不公布发动机的最大功率，但德国出台的新法规要求必须公布，于是宾利干脆公布了所有增压车型的最大功率数据，但最大转矩数据仍是保密。

宾利慕尚Turbo推出后大受欢迎，原计划每年卖出100辆，但1983年和1984年就分别卖出202辆和209辆。而劳斯莱斯直到1994年才推出第一款带涡轮增压器的车型，即劳斯莱斯飞刺（Flying Spur）。

1982年宾利慕尚Turbo

第五章 维克斯时代

为宾利汽车加装涡轮增压器，使其动力猛增，从而让它与劳斯莱斯汽车有所区别。

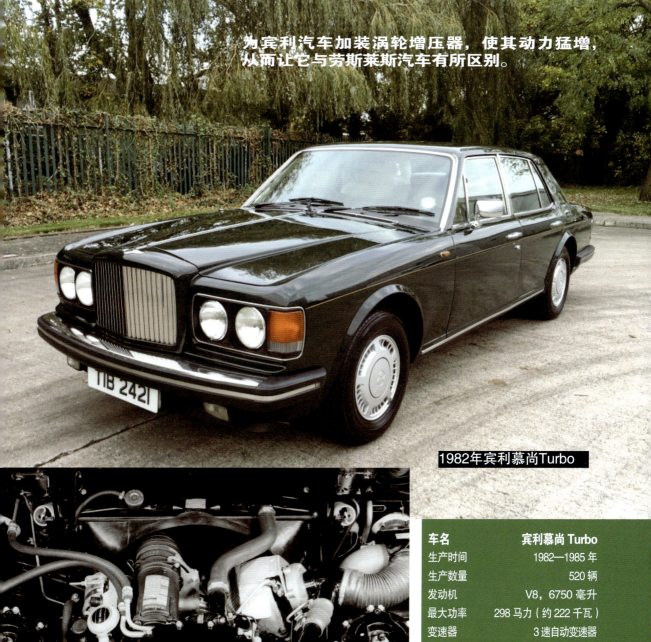

1982年宾利慕尚Turbo

1982年宾利慕尚Turbo发动机

车名	宾利慕尚 Turbo
生产时间	1982—1985 年
生产数量	520 辆
发动机	V8，6750 毫升
最大功率	298 马力（约 222 千瓦）
变速器	3 速自动变速器
转向器	齿轮齿条式转向 + 助力
前制动	高压多回路液压盘式制动 + 助力
后制动	高压多回路液压盘式制动 + 助力
前悬架	独立式，螺旋弹簧，双叉臂，稳定杆，液压减振器
后悬架	螺旋弹簧，半拖曳臂，稳定杆，液压减振器，自身水平控制
车身	冲压钢制承载式车身，4 门
最高车速	217 千米 / 时
0—96.5 千米 / 时加速时间	7.0 秒
整车售价	61744 英镑

宾利 Turbo R（1985 — 1997）
Bentley Turbo R

1985年宾利Turbo R

宾利慕尚 Turbo 取得巨大成功后，宾利一鼓作气，干脆对慕尚 Turbo 底盘进行重新调校，使其更加运动化，并将其更名为宾利 Turbo R。其中 R 是 "Road holding" 的简称，意为"汽车在道路上的操控性能"。

相对慕尚 Turbo 而言，宾利 Turbo R 的主要改进包括：前稳定杆硬度增大100%，后稳定杆硬度增大60%，减振器性能调校更加硬朗，后副车架位置进一步优化，转向拉杆强度增大50%。

Turbo R 在 1985 年 3 月推出时，其 6.75 升涡轮增压 V8 发动机与慕尚 Turbo 的发动机相比基本没变化。1987 年，Turbo R 加装了博世的燃油电子喷射系统，不仅降低了燃油消耗，而且将最大功率提高到 330 马力（约 246 千瓦），最高车速被限制在 230 千米/时内。

虽然宾利 Turbo R 的售价在 1985 年就高达 68831 英镑，但其销量相对前任车型慕尚 Turbo 大增，年销量一度超过千辆。在它 12 年的生产期中，共生产了 6533 辆。

1995 年，一款名为宾利 Turbo S 的限量版车型推出，限量生产 60 辆，售价 147500 英镑。其发动机的最大功率高达 408 马力（约 304 千瓦），这也是宾利和劳斯莱斯历史上最强大的发动机。官方声称宾利 Turbo S 的最高车速可以达到 249 千米/时。

第五章 维克斯时代

1989年宾利Turbo R

宾利 Turbo R 在 1987 年改款时,开始装备博世的燃油电子喷射系统,不仅降低了燃油消耗,而且提高了最大功率。

1989年宾利Turbo R

车名	宾利 Turbo R
生产时间	1985—1997 年
生产数量	6533 辆
发动机	V8,6750 毫升
最大功率	330 马力(约 246 千瓦)
变速器	3 速自动变速器
转向器	齿轮齿条式转向 + 助力
前制动	高压多回路液压盘式制动 + 助力
后制动	高压多回路液压盘式制动 + 助力
前悬架	独立式,螺旋弹簧,双叉臂,稳定杆,液压减振器
后悬架	螺旋弹簧,半拖曳臂,稳定杆,液压减振器,自身水平控制
车身	冲压钢制承载式车身,4 门
最高车速	230 千米 / 时
整车售价	68831 英镑

宾利欧陆R、S、T（1991—2002）
Bentley Continental R, S, T

为宾利汽车加装涡轮增压器后使其动力猛增，从而让它与劳斯莱斯汽车有所区别。这个策略让宾利从中尝到了甜头，尤其是慕尚Turbo和Turbo R都取得了较大成功。于是宾利再接再厉，决定设计一款在外形上也与劳斯莱斯有所区别的车型。就这样，只有两个车门的宾利欧陆（Continental）R在1991年诞生了。

欧陆是长寿且优雅的车型，曾在20世纪五六十年代作为宾利的性能款车型而受到宾利迷们的追捧。宾利借助涡轮增压发动机的强大动力复活了。

欧陆R是被劳斯莱斯收购后第一款没有和劳斯莱斯共平台生产的车型。同时，从欧陆R开始，宾利推出的新车不再使用和劳斯莱斯相似的"飞B"标志。

欧陆R配备来自宾利Turbo R的6.75升涡轮增压V8发动机，最高功率为360马力（约268千瓦）。当然这个数据是估计的，因为劳斯莱斯仍不公布宾利汽车的动力参数。欧陆R搭配通用汽车的4速自动变速器，最高车速可以达到233千米/时。

欧陆R是当时宾利动力最强、速度最快、价格最贵的车型，当时在英国市场上

1991年宾利欧陆R

第五章 维克斯时代

1991年宾利欧陆R

1991年宾利欧陆R

慕尚 Turbo 和 Turbo R 的成功，鼓励宾利设计一款在外形上与劳斯莱斯有所区别的车型。就这样，只有两个车门的宾利欧陆 R 诞生了。

车名	宾利欧陆 R
生产时间	1991—2002 年
生产数量	1335 辆
发动机	V8，6750 毫升
最大功率	360 马力（约 268 千瓦）
变速器	4 速自动变速器
转向器	齿轮齿条式转向 + 助力
前制动	高压多回路液压盘式制动 + 助力
后制动	高压多回路液压盘式制动 + 助力
前悬架	独立式，螺旋弹簧，双叉臂，稳定杆，液压减振器
后悬架	螺旋弹簧，半拖曳臂，稳定杆，液压减振器，自身水平控制
车身	冲压钢制承载式车身，2 门
最高车速	233 千米 / 时
0—96.5 千米 / 时加速时间	6.1 秒
整车售价	168294 英镑

的售价高达 16.8 万英镑。

　　1994 年，宾利还推出欧陆 R 的限量版欧陆 S，其最大功率为 400 马力（约 298 千瓦），只生产了 37 辆。

　　1996 年，宾利推出欧陆 R 的短轴距版欧陆 T。它是欧陆 R 的性能版车型，采用 2+2 座位设计，其最大功率为 400 马力（约 298 千瓦），1998 年提高到惊人的 420 马力（约 313 千瓦），最大转矩更是高达 880 牛·米。宾利声称，欧陆 T 的最高车速可以达到 273 千米/时，在 16 秒内可以从静止加速到 161 千米/时。欧陆 T 的售价更高，超过 22 万英镑。

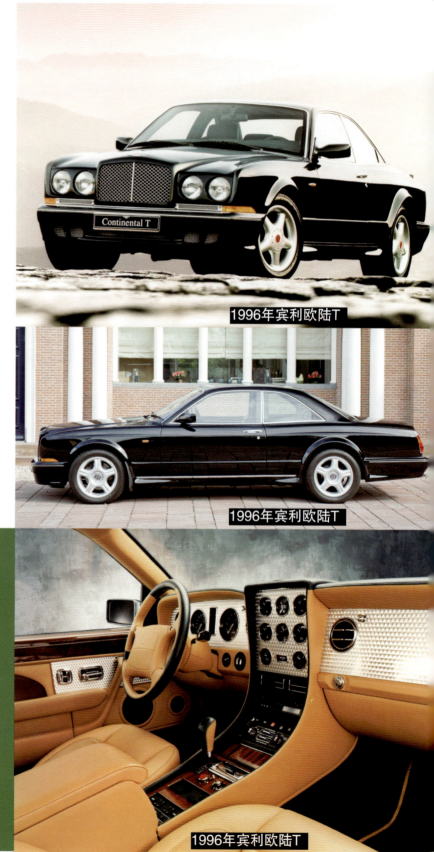

1996年宾利欧陆T

1996年宾利欧陆T

1996年宾利欧陆T

车名	宾利欧陆T
生产时间	1996—2002 年
生产数量	321 辆
发动机	V8，6750 毫升
最大功率	400 马力（约 298 千瓦）
变速器	4 速自动变速器
转向器	齿轮齿条式转向＋助力
前制动	高压多回路液压盘式制动＋助力
后制动	高压多回路液压盘式制动＋助力
前悬架	独立式，螺旋弹簧，双叉臂，稳定杆，液压减振器
后悬架	螺旋弹簧，半拖曳臂，稳定杆，液压减振器，自身水平控制
车身	冲压钢制承载式车身，2 门
最高车速	273 千米/时
0—96.5 千米/时加速时间	5.7 秒
整车售价	220313 英镑

宾利布鲁克兰兹（1992—1998）
Bentley Brooklands

1980年推出的宾利慕尚已卖了12年，到了该更新换代的时候了。替代慕尚的车型名为布鲁克兰兹（Brooklands）。布鲁克兰兹原意是英国的一条赛道，宾利汽车曾在那里赢得过胜利，但此赛道已于1939年关闭。

布鲁克兰兹于1992年亮相，仍然装备劳斯莱斯的6.75升V8发动机。与这个时期的劳斯莱斯、宾利的其他车型一样，布鲁克兰兹也采用电子监测式主动悬架系统及通用汽车的4速自动变速器。另外，布鲁克兰兹还在方向盘中央装备了安全气囊，以便为驾驶人提供安全保障。推出一年后，布鲁克兰兹的V8发动机进行了一次改进，使最大功率提升了20%，但具体数据没有公布。

1996年，布鲁克兰兹又进行了最后一次更新，最大功率提升到300马力（约224千瓦）。宾利声称其最高车速在没有电子限速的情况下可以达到225千米/时，售价高达106866英镑。在1992—1998年间，布鲁克兰兹共生产了1722辆。

1992年宾利 布鲁克兰兹

1992年宾利 布鲁克兰兹

宾利雅俊（1995 — 2002）
Bentley Azure

宾利雅俊（Azure）最早于1995年3月的日内瓦车展上亮相。它与双门硬顶轿车欧陆R共平台，或者说就是欧陆R的软顶敞篷版。它配备劳斯莱斯的6.75升涡轮增压V8发动机，最大功率约为385马力（约287千瓦），当然这也是估计数据，因为劳斯莱斯并未公布雅俊的官方数据。

雅俊配备通用汽车的4速自动变速器。0—100千米/时的加速时间为6.5秒，最高车速为241千米/时。这个成绩对于空气动力性能并不优异的雅俊来说，确实非常出色。

雅俊的顶篷和驱动机构由宾尼法利纳（Pininfarina）设计，并且在意大利生产，然后送到英国克鲁工厂组装成车。这使得雅俊的造价较高。1995年，雅俊的售价高达21.5万英镑。在1995—2002年的8年里，雅俊共卖出1403辆。

第五章 维克斯时代

1995年宾利雅俊

1995年宾利雅俊

车名	宾利雅俊
生产时间	1995—2002 年
生产数量	1403 辆
发动机	V8，6750 毫升
最大功率	385 马力（约 287 千瓦）
变速器	4速自动变速器
转向器	齿轮齿条式转向 + 助力
前制动	高压多回路液压盘式制动 + 助力
后制动	高压多回路液压盘式制动 + 助力
前悬架	独立式，螺旋弹簧，双叉臂，稳定杆，液压减振器
后悬架	螺旋弹簧，半拖曳臂，稳定杆，液压减振器，自身水平控制
车身	2 门敞篷
最高车速	241 千米 / 时
0—100 千米 / 时加速时间	6.5 秒
整车售价	215000 英镑

宾利 Turbo RT（1997 — 1998）
Bentley Turbo RT

1997 年，宾利的终极性能版车型推出。这款名为宾利 Turbo RT 的车型仍配备 6.75 升涡轮增压 V8 发动机，但它已不是宾利 Turbo R 的发动机，而是来自欧陆 T 更先进的发动机。它的最大功率高达 400 马力（约 298 千瓦），其最高车速被限制在 240 千米/时内。它的前脸造型看起来也更性感，保险杠与车身同色。

宾利 Turbo RT 当时的售价为 148990 英镑，共计卖出 252 辆。

1997 年，宾利的终极性能版车型 Turbo RT，最大功率高达 400 马力（约 298 千瓦），其最高车速被限制在 240 千米/时内。

第五章 维克斯时代

1997年宾利Turbo RT

1997年宾利Turbo RT

Chapter 6　Volkswagen Times
第六章　大众时代
(1998—)

进入20世纪90年代末期，拥有悠久历史与赛车传统的英国汽车厂商，如同得了瘟疫般一家家倒下。劳斯莱斯和宾利这两个英国至尊品牌的日子也难以为继，不得不找下家接手。

1998年4月末，劳斯莱斯汽车公司的所有者维克斯集团正式接受宝马3.4亿英镑的收购报价，但此时大众汽车半路杀出，宣布将以4.3亿英镑的价格收购劳斯莱斯，并许诺不把劳斯莱斯带出英国，保持其英国的管理模式。果然，维克斯集团股东开始对将劳斯莱斯出售给宝马表示不满。于是，维克斯集团转而要求宝马提高报价，但遭到宝马的坚决拒绝。在董事会一番激烈的讨论之后，维克斯接受了大众的高报价，1998年7月3日，维克斯集团宣布以14.4亿马克的价格将劳斯莱斯卖给大众公司。

然而，大众只是获得了劳斯莱斯的车型设计、车型名称、生产设备以及飞翔女神吉祥物和进气格栅造型的知识产权，并没有获得劳斯莱斯的品牌名称和双R商标所有权。这两项知识产权归罗尔斯－罗伊斯飞机发动机公司，并且与宝马关系密切的罗尔斯－罗伊斯飞机发动机公司以4千万英镑的价格将名称权和商标权授权给宝马。这样一来，大众汽车异常尴尬，没有劳斯莱斯名称权和商标权，还怎能以劳斯莱斯的名义销售汽车呢！

1998年7月28日，经多方协商签下协议，大众获得宾利品牌及劳斯莱斯公司的克鲁工厂，宝马获得劳斯莱斯品牌和进气格栅造型的知识产权，但要另建新厂并从2003年1月1日起才能开始销售劳斯莱斯轿车。

宾利雅致（1998—2001）
Bentley Arnage

话说到了1998年，这是宾利品牌命运的另一个转折点。在这一年7月，宾利被德国大众汽车收购。但在收购前几个月，宾利推出一款研制了十多年的全新车型——雅致（Arnage）。雅致是宾利自1980年以来推出的第一款全新车身车型，在此之前的18年里，宾利一直沿用1980年推出的慕尚车身造型。而宾利那台6.75升V8发动机的历史更为悠久，可以追溯到20世纪50年代。

宾利雅致和劳斯莱斯银天使（Silver Seraph）的开发工作始于20世纪80年代后期，但由于后来劳斯莱斯公司发展得很不顺利，先后被拆分和兼并，管理层的变化更大，最终经历10年之久才于1998年完成设计。雅致也是宾利品牌被转卖给大众汽车之前推出的最后一款全新宾利产品。

宾利雅致与劳斯莱斯银

第六章　大众时代

1998年宾利雅致

天使采用同平台技术，车身造型也一样，都是在1998年推出，而且都采用德国宝马的发动机；所不同的是宾利雅致采用宝马的4.4升双涡轮增压V8发动机，而劳斯莱斯银天使采用宝马的5.4升双涡轮增压V12发动机。其实在此之前劳斯莱斯曾想采用通用汽车的V形发动机，但感觉还是采用欧洲的发动机更合适。也曾想采用奔驰的V形发动机，但奔驰当时正忙于复活迈巴赫品牌，它是劳斯莱斯最主要的竞争品牌，也只好作罢。而宝马与劳斯莱斯的东家维克斯集团早有合作，最后宝马发动机成为当然之选。

这是劳斯莱斯和宾利第一次采用别人的发动机，况且还是德国人的，这让英国的车迷们一时很难接受。更有意思的是，在宝马和大众争夺劳斯莱斯品牌的斗争中，宝马曾以停止供应发动机而要挟对方，并最终得逞。

车名	宾利雅致
生产时间	1998—2001年
生产数量	1173辆（含59辆绿标）
发动机	V8，4398毫升，双涡轮
最大功率	350马力（约261千瓦）
变速器	5速自动变速器
转向器	齿轮齿条式转向+助力
前制动	盘式制动+真空助力
后制动	盘式制动+真空助力
前悬架	独立式，螺旋弹簧，双叉臂，稳定杆，主动式液压减振器
后悬架	螺旋弹簧，双叉臂，稳定杆，主动式液压减振器，自身水平控制
车身	4门轿车
最高车速	241千米/时
0—96.5千米/时加速时间	6.3秒
整车售价	145000英镑

宾利雅致红标和绿标（1999—2002）
Bentley Arnage Red Label and Green Label

大众汽车完全接手宾利后，立即着手改进劳斯莱斯原来那款用了几十年的6.75升V8发动机，也就是原来用在宾利Turbo R上的那台V8发动机，以替代宝马的4.4升V8发动机，并将其装备在1999年推出的雅致红标（Arnage Red Label）上。

大众对劳斯莱斯老款发动机的改造非常成功，不仅使其符合欧洲的排放标准，而且动力上还有较大的提升，最大功率增加到400马力（约298千瓦），最大转矩提升了50%。当然原来宝马V8发动机的排量只有4.4升，而宾利V8发动机的是6.75升。变速器也由采埃孚的5速自动变速器换回了通用汽车的4速自动变速器。

雅致红标增加了许多电子系统，如开始采用带速度感应的转向助力系统、电子防滑控制、电子减振控制等。电动操作系统也越来越丰富，空气调节、电动车窗、电动座椅、电动折叠后视镜、前排双安全气囊、导航系统等都成为标配。另外还增大了后排腿部空间。雅致红标比雅致更舒适也更安静，但只比雅致贵了4000英镑，客户尚能接受。

雅致红标在1999年推出时，装备宝马V8发动机的雅致并没停产，宾利只是对宝马发动机进行了微调，并将采用宝马发动机的雅致称为雅致绿标继续生产。

从技术上来讲，宝马发动机更为先进，它采用双顶置凸轮轴、每缸4气门及博世发动机管理系统，从燃烧效率、排放、燃油消耗上都占有优势，但雅致绿标只生产了59辆就于2000年停产了。而雅致红标虽然在发动机技术上落后，但它采用的是宾利自己生产的原汁原味的6.75升V8发动机，而且在动力性能上更占优势。雅致红标一直到2002年才停产。

1999年宾利雅致红标

第六章 大众时代

1999年宾利雅致红标

1999年宾利雅致红标

车名	宾利雅致红标
生产时间	1999—2002 年
生产数量	未知
发动机	V8，6750 毫升，涡轮增压
最大功率	400 马力（约 298 千瓦）
变速器	4 速自动变速器
转向器	齿轮齿条式转向 + 助力
前制动	盘式制动 + 真空助力
后制动	盘式制动 + 真空助力
前悬架	独立式，螺旋弹簧，双叉臂，稳定杆，主动式液压减振器后悬架螺旋弹簧，双叉臂，稳定杆，主动式液压减振器，自身水平控制
车身	4 门轿车
最高车速	250 千米 / 时
0—96.5 千米 / 时加速时间	5.9 秒
整车售价	149000 英镑

英国女王座驾（2002）
Bentley State Limousine

2002年英国女王座驾——宾利State Limousine

在2002年英国女王伊丽莎白二世登基50周年庆典上，英国皇室选定了宾利汽车，而不是传统的劳斯莱斯汽车，并将宾利汽车确定为皇室唯一专用座驾。这个传统一直持续到今天仍然如此。

2002年，宾利赠送给女王伊丽莎白二世的是宾利State Limousine。该车动力上搭载的是与雅致车型相同的6.75升的双涡轮增压发动机，最大功率为400马力（约298千瓦），最大转矩为835牛·米，最高车速可达210千米/时。

英国女王座驾是采用宾利雅致红标改款而来，是在雅致红标的基础上将其轴距和车身加长，使车身总长达到6.22米，轴距长达3.844米，内部空间非常宽敞。

它的后车门向后打开

第六章　大众时代

2002年英国女王座驾——宾利State Limousine

（对开门），最大开角达到90°。其车身和玻璃都是防弹装甲打造。驾乘室高度密封，可以抵御毒气攻击。轮胎也具有防弹功能。英国女王座驾只生产了1辆，据称价值1千万英镑。

2002年英国女王座驾——宾利State Limousine

2002年英国女王座驾——宾利State Limousine

宾利欧陆 GT
Bentley Continental GT

第 1 代（2003 — 2011）

2003 年，由大众汽车主导设计制造的第一款宾利汽车，即欧陆 GT 正式发布。这是自 1933 年以来宾利第一次不再采用前续车型的部件。它配备与奥迪 A8 和大众辉腾 6.0 版共用的 6.0 升 W12 发动机，不过加装了双涡轮增压器，最大功率高达 552 马力（约 412 千瓦），最大转矩为 650 牛·米。它配备采埃孚 6 速自动变速器、4 Motion 四轮驱动系统、四轮空气悬架、车身水平自动控制等，最高车速为 318 千米/时，0—100 千米/时的加速只需 4.8 秒，在英国售价 11 万英镑。

2003年宾利欧陆GT（第1代）

车名	宾利欧陆GT（第1代）
生产时间	2003—2011 年
发动机	W12, 5998 毫升，双涡轮
最大功率	552 马力（约 412 千瓦）
变速器	6 速自动变速器
传动方式	前置发动机，四轮驱动
转向器	齿轮齿条式转向 + 速感助力
前制动	盘式制动，ABS，真空助力
后制动	盘式制动，ABS，真空助力
前悬架	独立式，空气悬架，双叉臂，稳定杆，车身水平控制
后悬架	独立式，空气悬架，双叉臂，稳定杆，车身水平控制
车身	双门 4 座轿跑车
最高车速	318 千米/时
0—100 千米/时加速时间	4.8 秒
整车售价	11 万英镑（2003 年）

第六章 大众时代

2003年宾利欧陆GT（第1代）

2003年宾利欧陆GT（第1代）

第 2 代（2011 — 2017）

2011 年，第 2 代宾利欧陆 GT 上市。与上一代欧陆 GT 相比，其车身造型基本没变，仍采用大众集团的 6.0 升 W12 发动机，但变速器换为 8 速自动变速器。

2013 年，配备 4.0 升奥迪 V8 发动机的欧陆 GT V8 推出。其最大功率为 500 马力（约 373 千瓦），最大车速仍然高达 309 千米/时。这款发动机采用排量可变技术，当不需要更强动力时只有 4 个气缸工作，从而可节省燃油 8%。

手机扫一扫，即可观看宾利欧陆GT敞篷版视频

2011年宾利欧陆GT（第2代）

2011年宾利欧陆GT（第2代）

车名	宾利欧陆 GT V8
生产时间	2013—2017 年
发动机	V8，3993 毫升，双涡轮
最大功率	500 马力（约 373 千瓦）
变速器	8 速自动变速器
传动方式	前置发动机，四轮驱动
转向器	齿轮齿条式转向＋速感助力
前制动	盘式制动，真空助力
后制动	盘式制动，真空助力
前悬架	独立式，空气悬架，双叉臂，稳定杆，车身水平控制
后悬架	独立式，空气悬架，双叉臂，稳定杆，车身水平控制
车身	双门 4 座轿跑车
最高车速	309 千米/时
0—100 千米/时加速时间	4.8 秒

第六章　大众时代

车名	宾利欧陆GT（第2代）
生产时间	2011—2017年
发动机	W12，5998毫升，双涡轮
最大功率	626马力（约467千瓦）
变速器	8速自动变速器
传动方式	前置发动机，四轮驱动
转向器	齿轮齿条式转向＋速感助力
前制动	盘式制动，真空助力
后制动	盘式制动，真空助力
前悬架	独立式，空气悬架，双叉臂，稳定杆，车身水平控制
后悬架	独立式，空气悬架，双叉臂，稳定杆，车身水平控制
车身	双门4座轿跑车
最高车速	331千米/时
0—100千米/时加速时间	4.2秒

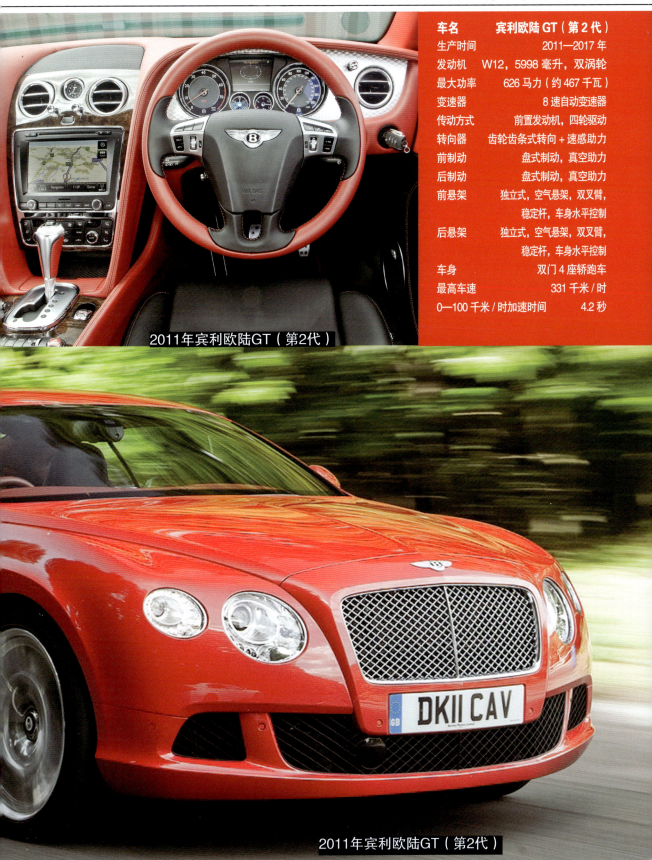

2011年宾利欧陆GT（第2代）

2011年宾利欧陆GT（第2代）

第 3 代（2017 —）

第 3 代欧陆 GT 于 2017 年推出。这次是在大众 MSB 平台上开发的，与第 2 代保时捷 Panamera 同平台。与上一代欧陆 GT 车型相比，重量减轻了至少 80 千克，轴距也增加到 2851 毫米，配备 48 伏电气系统和全新设计的 6.0 升 W12 涡轮增压发动机，采用排量可变技术、自动启停技术和弹射起步模式（launch mode），最大功率为 626 马力（约 467 千瓦），最大转矩为 900 牛·米。宾利声称其 0 — 100 千米/时的加速只需 3.7 秒，最高车速可达 333 千米/时。

2017年宾利欧陆GT（第3代）

第六章　大众时代

2017年宾利欧陆GT（第3代）

手机扫一扫，即可观看宾利整车构造视频

> **Do You Know？**
>
> ### GT 是什么车？
>
> GT最早源自意大利语Gran Turismo，从20世纪50年代开始在英语世界流行，其英文是Grand Tourer。
>
> GT是指一种高性能豪华双门轿车。这种汽车最适合长距离快速奔跑。多数GT汽车采用前置发动机、后轮驱动的传动形式，双门车身，两个座位或2+2座位设计。

2017年宾利欧陆GT（第3代）

手机扫一扫，即可观看宾利导线视频

车名	宾利欧陆GT（第3代）
生产时间	2017—
发动机	W12，5998毫升，双涡轮
最大功率	626马力（约467千瓦）
变速器	8速自动变速器
传动方式	前置发动机，四轮驱动
转向器	齿轮齿条式转向＋速感助力
前制动	盘式制动，真空助力
后制动	盘式制动，真空助力
前悬架	独立式，空气悬架，双叉臂，稳定杆，车身水平控制
后悬架	独立式，空气悬架，双叉臂，稳定杆，车身水平控制
车身	双门4座轿跑车
最高车速	333千米/时
0—100千米/时加速时间	3.7秒

宾利飞驰（2005 —）
Bentley Flying Spur

2005 年 3 月，宾利飞驰（Flying Spur）在日内瓦车展上亮相，它是欧陆 GT 的四门版轿车，也是大众获得宾利后主导设计的第二款宾利车型。

飞驰车长 5.3 米，轴距 3065 毫米，比欧陆 GT 加长了 320 毫米，从而使后排空间大增。飞驰的动力和欧陆 GT 一样，采用 6.0 升 W12 涡轮增压发动机和 6 速自动变速器。飞驰的底盘和大众辉腾共用德国狼堡的辉腾专属生产线，可谓是辉腾的孪生车。

2013 年，飞驰进行了一次改款，外形上没有太大改变，只是将 6.0 升 W12 双涡轮增压发动机的最大功率提高到 617 马力（约 460 千瓦），并改配 8 速自动变速器。全时四轮驱动，在正常情况下前后驱动力分配比为 60 : 40。

2014 年宾利飞驰

2014 年宾利飞驰

第六章 大众时代

车名	宾利飞驰 6.0T
生产时间	2005—
发动机	W12，5998 毫升，双涡轮
最大功率	617 马力（约 460 千瓦）
变速器	8 速自动变速器
传动方式	前置发动机，四轮驱动
转向器	电动助力
前制动	盘式制动，真空助力
后制动	盘式制动，真空助力
前悬架	独立式，空气悬架，双叉臂，稳定杆，车身水平控制
后悬架	独立式，空气悬架，双叉臂，稳定杆，车身水平控制
车身	4 门 5 座三厢轿车
最高车速	320 千米 / 时
0—100 千米 / 时加速时间	4.6 秒

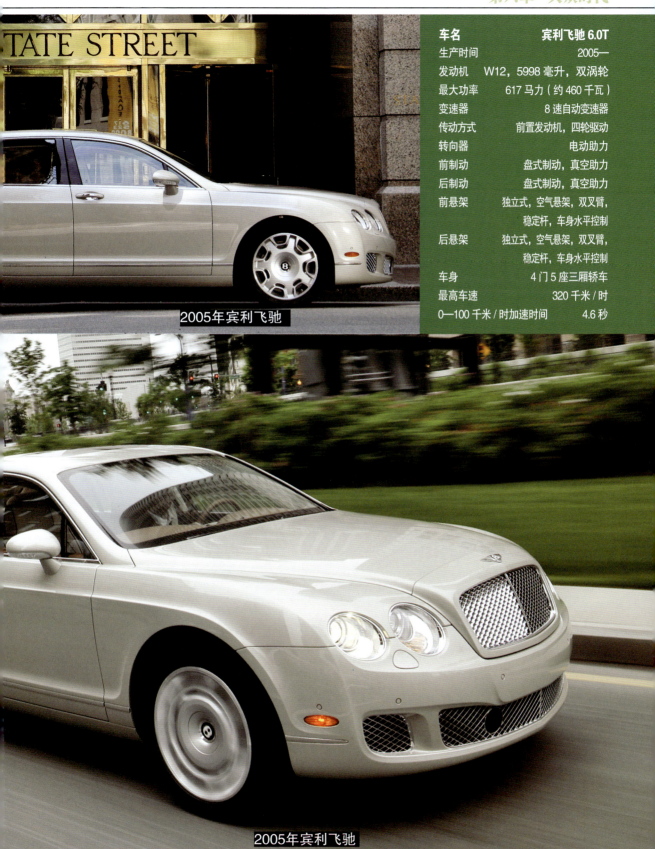

2005年宾利飞驰

2005年宾利飞驰

宾利慕尚（2010 — ）
Bentley Mulsanne

2010年，宾利推出它的旗舰车型慕尚（Mulsanne）。这个名字早在1980—1992年就曾被宾利使用过，当时慕尚配备的就是6.75升V8发动机，后来又推出带涡轮增压器的慕尚Turbo。而这一次，宾利为了传承经典，仍然配备6.75升V8发动机，并配备双涡轮增压器。其中，慕尚极致版的最大功率高达537马力（约395千瓦），最大转矩更是达到1100牛·米。这台发动机还配有排量可变技术，当不需要强大动力时可关闭8个气缸中的4个气缸，从而可节省燃油15%。慕尚采用8速自动变速器，四轮空气悬架，车身高度和悬架软硬均可调节。慕尚极致版只需4.9秒即可完成0—100千米/时的加速，最高车速为305千米/时。

2010年宾利慕尚

车名	宾利慕尚标准版
生产时间	2010—
发动机	V8, 6752毫升，双涡轮
最大功率	506马力（约377千瓦）
变速器	8速自动变速器
传动方式	前置发动机，后轮驱动
转向器	电动助力
前制动	盘式制动，真空助力
后制动	盘式制动，真空助力
前悬架	独立式，空气悬架，双叉臂，稳定杆，车身水平控制
后悬架	独立式，空气悬架，双叉臂，稳定杆，车身水平控制
车身	4门5座三厢轿车
最高车速	296千米/时
0—100千米/时加速时间	5.3秒

2010年宾利慕尚

第六章　大众时代

在 2016 年的日内瓦车展上，宾利推出一款加长版的慕尚，名为慕尚 EWB（Extended Wheelbase）。慕尚 EWB 的轴距比标准版慕尚加长了 250 毫米，不仅使后排腿部空间增长 250 毫米，而且一举超过其有力对手劳斯莱斯古思特的轴距 51 毫米，达到 3516 毫米。

2010年宾利慕尚

手机扫一扫，即可观看
宾利慕尚设计制造视频

2010年宾利慕尚

宾利添越（2016—）
Bentley Bentayga

宾利的第一款SUV车型添越（Bentayga），最早于2015年9月的法兰克福车展上亮相。它是基于大众集团的MLB平台开发而来的，与第2代奥迪Q7、第3代保时捷卡宴、大众新途锐、奥迪Q8以及兰博基尼Urus共平台。它采用大众全新设计的6.0升W12双涡轮增压发动机，配8速自动变速器。宾利声称添越的最高车速被限制在301千米/时，0—100千米/时加速时间仅需4.1秒，堪称世界上最快的量产SUV。实际上它也是世界上最贵的SUV，添越限量版在中国市场的售价高达480万元。

2016年宾利添越

第六章　大众时代

手机扫一扫，即可观看宾利W12发动机运转视频

车名	宾利添越 6.0T
生产时间	2016—
发动机	W12，5950 毫升，双涡轮
最大功率	600 马力（约 447 千瓦）
变速器	8 速自动变速器
传动方式	前置发动机，四轮驱动
转向器	电动助力
前制动	盘式制动，真空助力
后制动	盘式制动，真空助力
前悬架	独立式，空气悬架，双叉臂，稳定杆，车身水平控制
后悬架	独立式，空气悬架，多连杆，稳定杆，车身水平控制
车身	5 门 5 座 SUV
最高车速	301 千米 / 时
0—100 千米 / 时加速时间	4.1 秒

2016年宾利添越

2016年宾利添越

Chapter 7 Design & Craftwork
第七章 设计与制造工艺

　　作为超级豪华汽车品牌，宾利无论在克鲁郡、底特律，还是北京、上海，与它曾经的姊妹车劳斯莱斯一样，无一例外地演绎着富贵、尊华与激情。这是带着纯正英国贵族血统的顶级超豪华轿车。它的一流赛车性能、独特驾驶体验、皇族乘坐感受，都在制造着个性与时尚的话题。只有地位显赫、品位高雅、追求个性与时尚的有钱人才能拥有它。英国资深汽车专家这样形容宾利汽车的拥有者：他们是男性40~60岁、行政总裁或年收入至少300万美元的企业家，通常拥有多处住宅，平均拥有5辆车，追求高速的刺激运动。对于宾利车车主来说，轿车早已不是代步工具，而是一款随身而戴的珠宝。

　　宾利轿车从车身喷漆颜色到内外装饰，都可以为客户量身定做，绝对保证独一无二的个性化需求。为什么一辆轿车值这么多的钱？如果你去英国克鲁郡参观宾利汽车的生产车间，也许就能够了解富贵背后的秘密。

　　在有条不紊的生产线上，每一道工序都是精雕细琢的范例。整个车间只有涂装间有一部分自动装置，除此以外，看不到一只机械手。

宾利(Bentley)汽车原来也译为本特利。它的标志是一只展翅飞翔的雄鹰。雄鹰腹部是公司名称的打头字母B，象征宾利的事业永远飞跃发展。
宾利还有一种飞翼标志，是带有一对翅膀的大写B字，迎风矗立在车头。

设计草图
Design Sketch

即使再名贵的汽车，它也是从草图开始设计。尤其是被大众集团收购后的宾利，面目不仅要焕然一新，而且还要保留宾利汽车原来的经典传统，让人们一眼看上去仍能认出是宾利，但同时又要符合新时代人们对超级豪华汽车的审美理解。因此，宾利前脸上的四眼式前照灯造型、一分为二的金属网式进气格栅等，都要在新宾利上保留并进行时尚化更新。

宾利的内饰设计更是重中之重，其主要功能就是乘坐舒适性，因此它的车内舒适性是它的最大卖点之一。其实这种超级豪华式的内饰相对普通汽车来讲更容易，因为它对制造成本的要求较小，设计师可以在有限的空间里随心所欲地营造一种豪华、舒适、温馨、高贵的感觉。

木头有生命，我们赋予它灵魂
Wood, From The Roots Up

正是桃树上的树瘤造就了奇妙的树纹，真可谓上天造物，都有用意。

据说，早在20世纪20年代的某一天，年轻的欧文·宾利骑着自行车穿梭于美国加利福尼亚州的桃树林中，见到桃树的根部生长出一些特别的根团（Root Ball），他觉得这种图案美极了。这种感觉不仅使宾利汽车在当时别具一格，而且直接影响了全世界汽车的内饰设计，一直到今天。

具有大家风范的轿车一定不会疏漏细节的雕琢。在宾利的木质车间，工人们信奉这样的格言："木头有生命，我们赋予它灵魂。"工人们给每一块木质件都要上三遍漆，然后干燥两到三天，最后用砂纸手工打磨、抛光。

每一辆宾利车的木质装饰都是独特的，上面都标有车辆的底盘号，以至于宾利车身上的每一片木饰都可以追溯到它所来自的树木。在挑选木材上，宾利车主要选择以带花纹的进口胡桃木树瘤和根团，或者独具纹路的鸟眼枫木为主——这些远远超过了树本身的价值。安德鲁·米歇尔说："我们接到的都是最高质量的材料，并且利用木质本身的颜色和纹路来做装饰，这种方法在多数汽车制造厂早已经消失了。"他的双胞胎兄弟也在这里工作。而他的父亲在宾利工作了25年。他自己从16岁开始在宾利做学徒，21岁正式在工厂工作。其任务就是在意大利和其他地方四处挑选合适的木料。他已经见过成千上万的材料，能很准确地判断出一辆车的内部需要多少木料。"我现在有七年挑选木材的经历，知道如何评价

第七章 设计与制造工艺

手机扫一扫,即可观看宾利木工制作工艺视频

每块木饰的安放位置主要取决于它的纹理,要左右对称,并且与金属部件完美谐调。整个车厢差不多都在木饰和牛皮的包围之中,彰显自然和天然的氛围。

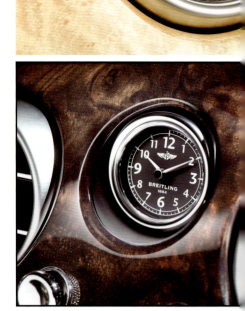

木料的质量和屈服力。"安德鲁说。除了伯尔胡桃木,还可以使用橡木、枫木、榆木,以及新开发的曼陀螺那木和瓦瓦那木。"我们每天要生产九辆四门车和两辆二门车所需要的木头。"安德鲁只采用高品质的木材,那些由原色充分展现其自然美且与宾利内饰相得益彰的木材。今天这样的挑选十分费力。因为大多供应商提供的都是合成加工材料,这样的材质是经过漂白的,早已失去了原先的品质。宾利的每一块面板都是独一无二的,而且被标以它们的出处,甚至每一片木材都可以回到它原来的树身上。

比起20年前,宾利仅车身上使用的木材就多了近60%。一辆宾利车需要16块木料做26个主要部件,需要8块做扶手。额外的部件如餐桌、门柄等,使用木质面板的面积达6.5平方米。在做这些部件的时候,宾利试图营造一种镜面对称的效果。例如,把四块料头尾相连对称地穿过仪表板的中线,以对应中控台在车内形成重叠的效果。

宾利轿车的木饰要的是涡流曲线、疤节和波纹。有的木材的疤节非常怪异,有一次工人在给一块仪表板抛光之后,发现仪表板上的疤节看起来像画家蒙克(Munch)作品中张大嘴尖叫的可怕面孔。如果这样的车被卖出去,就太吓人了。如今,这个仪表板被悬挂在工厂大门口以作展示。

完成一块完整面板的制作需要13天。每一片薄板都需要冲压成形,并且加镶木质饰片及十字形条带。同时它还须符合器具形状,比如拱形面。但材料往往比较脆,因此需要在蒸汽车间进行制作。底板是由25层卡欧亚木冲压而成的,每层之间还用强力胶黏合。80位技术过硬的男女技工进行木材加工。加工中,通过电脑控制的三轴或五轴刨床把大量木材加工成所需长度和形状。

第七章 设计与制造工艺

仔细观察木饰纹理,它们不仅左右近乎对称,而且与它上面镶嵌的操作按钮等部件之间也自然天成。

一个方向盘要缝 15 个小时
Leather, The Comfort Zone

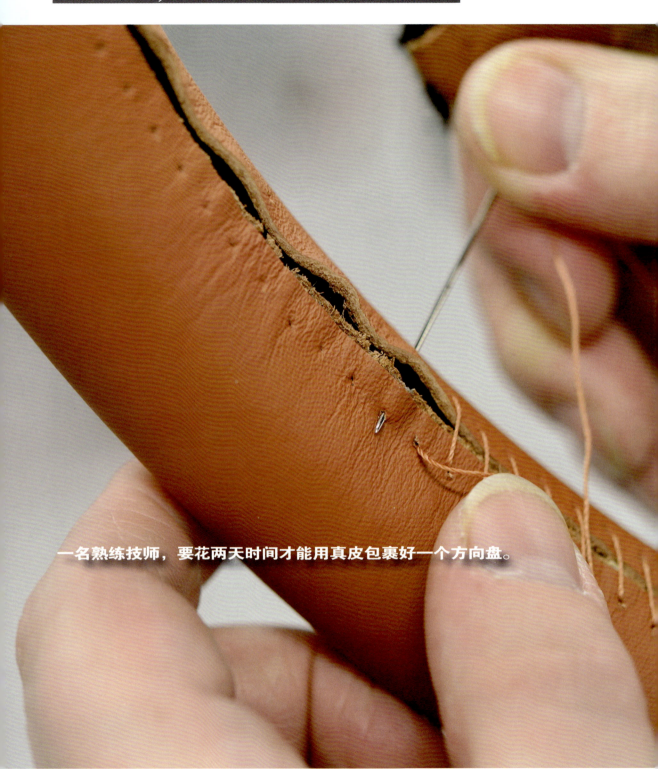

一名熟练技师,要花两天时间才能用真皮包裹好一个方向盘。

第七章 设计与制造工艺

最具原始和精致风格的装饰非真皮莫属，只有Connolly A级牛皮才配得上宾利内饰。在那里，每张生皮都是按客户要求染色和切割的。对于宾利来说，平均每辆车要用400多块皮子，约合15头牛的皮子，每头牛仅使用约4.27平方米的皮子。一般包一个方向盘要花费一名熟练手工艺师15个小时，整个内饰要花13天的时间方可完成。

除此以外，宾利的手工艺师们都是同行业中最优秀的一批，他们可以使皮子的使用率达到60%。宾利的手工艺师认为合理运用皮子是

一门独具挑战性的高手艺。他们切割一张整皮就像玩拼图或者麻雀筑巢一样费尽心思。皮革组合切割工具可以达到 0.1 毫米的精度。联网的数字化监控系统确保切割过程的精确进程。切割完成后还要再次进行检查。然后由 24 个熟练的裁缝进行缝制。在皮革背面加泡沫塑料材料以增加舒适感，在整皮上缀上饰物，再熨平，每个人要在他做的部分用特定颜色的线进行缝纫，完成之后还要签名。

为保证工艺质量，宾利专门建立的数据库至少有 15 年的记录。包括每个接缝的针数、线的型号、拉力、底盘号码、制作日期、裁缝姓名。事实上，由 250 个工人组成的接缝工作组被分为不同的单元，分别负责不同的部分，如前后座椅、门、仪表板、控制台，还有方向盘。

迈克·加内特在克鲁郡已经工作了 28 年，他知道如何使皮料软化，使它更显华贵和舒适。他说："我们能满足一切需求，如果你想让内饰和家里的装修一样，甚至像自己的领带一样，我们都可以做到。"

汽车内部几乎是全真皮包裹，豪华得有点不敢踏进去了。

第七章　设计与制造工艺

手机扫一扫,即可观看
宾利真皮制作工艺视频

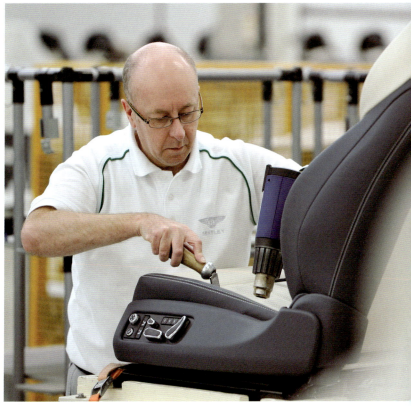

为了装饰一辆宾利汽车,
差不多要用 15 头牛的皮子。

钣金缝隙只能是 3.5 毫米
Body Assembly

车身钣金装配工作具有非常严格的要求，比如，要求钢板之间的间隙必须被精确限定为 3.5 毫米。

四维测量仪器用来测量每一辆装配后的车身，一辆车上共有将近 2500 个测试点。"热焊"容易造成车身钣金之间的空隙出现变化，因此现在宾利工厂都已使用"冷焊"作业。一辆宾利车身上大约共需要 6500 个焊点，以确保车身具有非常大的扭转刚性。还没有其他制造商采用这样大规模的焊点。

一辆宾利的车身大概由 540~560 个部件组成。每焊上一个部件，就要进行 3 米的 MIG 焊（惰性气体保护金属极电弧焊），1.5 米的铜焊，大约 200 个焊点。

在车身车间工作的有不少是子承父业。小组长考利·莫瑞在 1974 年进入宾利，此前他父亲也在宾利的车身车间工作。车身车间共有 13 个工作小组，每个小组由 10~12 位熟练和半熟练技师组成。

需要大约 3 个星期才能将这 540 多个部件组装成一个完整的车身。每周要从车身车间往喷漆车间发送 35 个车身。

手机扫一扫，即可观看宾利白车身制作过程视频

第七章 设计与制造工艺

一辆宾利的车身大概由 540~560 个部件组成。

车漆像镜子一样光亮
Paint, That Mirror Finish

手机扫一扫,即可观看宾利喷漆工艺视频

宾利可以把汽车装饰成任何颜色,皮具工作室可以以26种标准颜色为基础向客户提供任何一种颜色。最近宾利已经研发出了111种可调配的色彩。喷漆车间的区域管理经理约翰说:"为了使喷漆保持完美,喷漆技师要花费90%的力气用于保护车身,其余的10%是为了美感。"

"在颜色配比方面遇到的最大挑战往往是浅灰色。"约翰说,"曾经有顾客要求配出和她的粉红色牙刷或指甲油一样的颜色,还有一些王子要求配出他们喜欢的奢侈品的颜色,我们都做到了"。

为什么宾利车身上的喷漆像镜子一样透亮?从白车身外壳开始,必须经过16个阶段、120道工序、8天时间、3.5千米长的生产线才能完成一辆车的喷漆工作。喷漆生产线很长,如果沿着传送带步行,则需要将近1个小时才能从起点走到终点。

烤漆工艺的第一阶段主要运用现代化机器操作,第二阶段的修正及"镜面处理"

喷好一辆车的车漆需要8天时间,速度奇慢无比。

则大部分要通过手工完成，非常精细。

白车身需要在电泳池中浸泡，以确保每一部分都得到充分的防锈保护，然后把金属车壳送入185℃烤漆房中进行烘烤。喷漆间确保全过程的恒温控制。

在宾利的喷漆间，绝不会让有一点儿裸露金属的轿车离开。当宾利车经过所有喷漆工序后，工人还要用长柄刷对所有小纰漏进行10小时左右的手工修饰。

喷漆车间的135位技师被分成12组，加上设备维修技师、工程师和检测员，还有一个4机器人组，他们要工作8天才能把一辆车子喷好漆。虽有客户抱怨等待时间太长，但为了打造世界上最豪华的汽车，质量还是要比时间更重要。

在特别明亮的光廊下检查车身油漆效果，任何细微瑕疵都会暴露无遗。

画解宾利 揭秘宾利汽车独门绝技 精装典藏版

发动机上要镶嵌制作者的签名
Engine Assembly

在宾利制作发动机的工作间，你会发现所有的发动机都是手工组装，"每个螺钉都是人工用扭力扳手拧紧的"。所有发动机都要在检测台上用不同速度运转90小时。36名技师通过耳朵来检测发动机可能出现的任何漏洞和噪声。出身宾利手工制作世家的安迪每天都要检查10台发动机，他能听出发动机70多种不同毛病的声音。

打造宾利发动机的技师个个都身怀绝技，也都是行家里手，一般都拥有数十年的发动机装配经验。可以说他们个个都是发动机装配大师。因此，在制作好的发动机上镶嵌上制作大师的签名，已经不仅仅是为了日后追究责任，而是成为一种崇高荣誉的象征了。

手机扫一扫，即可观看宾利V8发动机组装视频

每台制作完毕的发动机上都要镶嵌上制作者的签名。

手机扫一扫，即可观看宾利W12发动机组装视频

把发动机放在一个可旋转的架子上,方便安装发动机部件。

没有两辆完全一样的宾利轿车
Customization

宾利的制造过程向每一位宾利的顾客开放。在宾利工厂有专门人员负责引导顾客参观厂房、展馆，进行试车。顾客甚至可以与宾利的设计制作人员交谈、提问或建议。在宾利的定制工作室，专家的意见涵盖多个方面，包括颜色、边线、面板以及特殊选项。顾客有任何个人的设想都可以和工作室联系，约定与专家会面。在这里，顾客可以与专家讨论他们的需求，也可以直接向设计人员、制作人员、工程师、技工直接咨询。宾利的职工说："顾客在这里待的最短时间是15分钟，平均为两三个小时。基本每个星期都有顾客。"

特雷弗在试车部工作了18年，他说："我见过数不清的客户，听到过不计其数的想法。我会很快对顾客的设想做出反应并予以实施。我们是在以另一种形式来引导顾客，帮助他们实现自己的设想。通常要综合考虑车辆的安全性、经济性和完善性。我们采取一种完全开放的态度，同时也是对我们双方的考验。顾客考验我们是否满足他们的需求。我们则考验顾客是否完全确定他们需要什么。没有比最后产生的宾利车并不是顾客所设想的那样更令人沮丧的事了。"特雷弗说："有时只是很小的一个设想，可是在讨论过程中就变得十分细化和复杂。"比如说，一位顾客定制了加长版的车，目的是方便客户

车身也可以倾斜，这样技师安装部件时会非常方便和轻松，也不容易出现装配错误。

第七章 设计与制造工艺

手机扫一扫,即可观看宾利慕尚轿车组装视频

只要你不差钱,只要你有创意和想法,厂商就能帮你实现各种个性装饰。

的乘载。特雷弗仔细询问了他关于如何使用的问题,如在哪停车,如何转弯、出入等。综合多种情况考虑,该车不宜太大。通过工作室一天的努力,确定车的前后轴长以及车顶高度,最后一个低顶、重新设计内部的短车设计方案出炉了,而且非常切合顾客的要求。

"每个顾客的脑海中都有自己的设计要求,无论是居家风格还是办公需求,还是对车内舒适度和空间的要求,具体到杂物袋、冰箱、饮料柜等。一个带铜把手的饮水机对于设计人员来说可是一个不小的挑战",特雷弗说。车内装潢不一定是全皮质的,如果需要的话可以是丝质的或天鹅绒的。当需要安装电器如DVD、电脑、传真、电话等时,就需要充分考虑车内空间的大小。

对于宾利来说,没有太多让大家觉得困难的设计,因为宾利工作组总是积极准备满足客户提出的各种新的方案。譬如一辆婚礼车,考虑新娘的礼服长,应该没有前排乘员座。而一辆州政府官员用的豪华车,除了一切标准件以外,还应考虑防弹功能。

但宾利是否有过无法满足顾客需求的时候呢?"曾有顾客向我们要求做一辆包括发动机在内,所有表面镀金的车,我们不可能让所有表面颜色完全一致,因此我们拒绝了。这真是太不可思议了。"

这就是超豪华宾利轿车的秘密,一个用金钱堆积富贵、用手工缝制轿车的故事。

陈总编爱车热线书系畅销图书